Tom Hindes
Schnell geschnitzt –
lustige Figuren in 20 Minute

WIDMUNG

Es gibt Menschen auf dieser Welt, die nicht zögern, anderen Hilfe anzubieten. Dieses Buch ist einem dieser Menschen gewidmet, nämlich dem Schnitzer Thomas G. Perrin. Ich habe Thomas Perrin 2007 auf dem Internet-Forum des Woodcarving Illustrated Magazine (www.woodcarvingillustrated.com/forum) „kennengelernt". Er beantwortete meine Fragen zum Schnitzen und bot mir seine Hilfe an, wie er es schon für so viele andere getan hatte. Ich habe Thomas nie persönlich getroffen, doch sprach ich, bis zu seinem Tod am 4. Februar 2011, einige Male pro Woche mit ihm am Telefon.

Umschlaggestaltung: Werbeagentur Rypka GmbH, 8143 Dobl, www.rypka.at

Bildnachweis:
Umschlagabb. Vorderseite, Umschlagabb. Rückseite, Abb. Innenteil: Scott Kriner und Lindsay Garner

Titel der amerikanischen Originalausgabe: Tom Hindes: 20-Minute Whittling Projects. Fun Things to carve form wood, Fox Chapel Publishing Company, Inc., East Petersburg, PA/USA, ISBN 978-1-56523-867-1, 2016

Aus dem Englischen übertragen von Alina Wychera

Der Inhalt dieses Buches wurde vom Autor und vom Verlag nach bestem Wissen überprüft; eine Garantie kann jedoch nicht übernommen werden. Die juristische Haftung ist daher ausgeschlossen.

Bibliografische Information der Deutschen Nationalbibliothek
Die Deutsche Nationalbibliothek verzeichnet diese Publikation in der Deutschen Nationalbibliografie; detaillierte bibliografische Daten sind im Internet unter http://dnb.d-nb.de abrufbar.

Hinweis: Dieses Buch wurde auf chlorfrei gebleichtem Papier gedruckt. Die zum Schutz vor Verschmutzung verwendete Einschweißfolie ist aus Polyethylen chlor- und schwefelfrei hergestellt. Diese umweltfreundliche Folie verhält sich grundwasserneutral, ist voll recyclingfähig und verbrennt in Müllverbrennungsanlagen völlig ungiftig.

Auf Wunsch senden wir Ihnen gerne kostenlos unser Verlagsverzeichnis zu:
Leopold Stocker Verlag GmbH
Hofgasse 5/Postfach 438
A-8011 Graz
Tel.: +43 (0)316/82 16 36
Fax: +43 (0)316/83 56 12
E-Mail: stocker-verlag@stocker-verlag.com
www.stocker-verlag.com

ISBN 978-3-7020-1614-2

Layout: Werbeagentur Rypka GmbH, 8143 Dobl, www.rypka.at

Tom Hindes

SCHNELL GESCHNITZT

Lustige Figuren in 20 Minuten

Leopold Stocker Verlag
Graz – Stuttgart

INHALT

EINFÜHRUNG

In der Titelei dieses Buches scheint der Hinweis auf „20 Minuten" deshalb auf, weil die hierin enthaltenen Projekte für eine schnelle und einfache Umsetzung entworfen wurden. Nach meiner Erfahrung konzentrierten sich etliche Publikationen bisher traditionell auf Spielereien wie die Herstellung von Ketten, Kugeln-im-Käfig, Ketten-im-Käfig etc. Die Anfertigung dieser scheinbar einfachen Objekte benötigt indes sehr viel Zeit und kann so manchen Anfänger entmutigen.

Mir geht es in diesem Buch darum, das Schnitzen jedem Interessierten zugänglich zu machen; also habe ich Übungen erdacht, die Anfängern helfen sollen, mit dem Schnitzen zu beginnen, ohne viel Zeit und Geld aufwenden zu müssen.

Ich hoffe, dass die 18 Projekte in diesem Buch dazu geeignet sind, Sie zu motivieren und Ihre Fähigkeiten als Schnitzer zu entwickeln. Jedes hier vorgestellte Projekt lässt sich an Ihre Fähigkeiten anpassen; je nach Gefühl können Sie mehr oder weniger Details berücksichtigen. Ich habe die Projekte in vier Kategorien eingeteilt: Grundlagen, Menschliche Figuren, Tier- und Tierkinderfiguren. Sei es eine Bauernfigur, ein Kürbis oder ein Elefant: In diesem Buch finden Sie mit Sicherheit für Sie geeignete Projekte.

Falls Sie kein Anfänger sein sollten, rate ich Ihnen, die ersten Schritte sowie den Anhang durchzusehen. Diese Teile des Buches lehren Sie alles von der Wahl des richtigen Messers bis hin zum sicheren Arbeiten. Versuchen Sie sich danach am Musterprojekt im Grundlagenkapitel. Dieses Projekt weist Sie in die wichtigsten Schnitte der Schnitztechnik ein (für weitere Informationen über die Grundschnitte siehe Seite 86 im Anhang) und schafft damit die Grundlage für alle weiteren Projekte in diesem Buch.

Was ist Schnitzen?

Schnitzen kann als das Schneiden von Holz mit einem Messer bezeichnet werden; Schnitzer verwenden keine Meißel, Hohleisen oder elektrische Werkzeuge. Wenn Menschen ans Schnitzen denken, denken sie meist an bestimmte Projekte: spitze Stecken, Holzketten oder an eine Kugel-im-Kasten. Aber wenn ich ans Schnitzen denke, denke ich an jegliches Gestalten von Holz, bei dem ausschließlich ein Messer verwendet wird. Demzufolge bedarf es fürs Schnitzen keiner großen Investitionen in Werkzeug oder Holz. Alles was Sie benötigen, ist ein gutes Messer, ein gutes Stück Holz und ein ordentlicher Streichriemen, um die Schneide scharf zu halten. Im Kapitel Erste Schritte (Seite 8) finden Sie Empfehlungen zu geeigneten Messern und Tipps im Hinblick auf das richtige Holz. Wenn Sie sich nicht sicher sind, wie man ein Messer schärft, können Sie es im Abschnitt Grundlagen des Schärfens (Seite 88) des Anhangs nachlesen.

Schnitzen ist ein großartiges Hobby, das Sie überall praktizieren können. Während andere ihr Smartphone hervorholen, wenn sie zum Beispiel beim Arzt im Wartezimmer sitzen, arbeite ich an meinem neuesten Projekt! Das ist auch der Grund, warum die meisten Projekte in diesem Buch eher klein ausgefallen sind – ich wähle nämlich gern Objekte, die ich in meine Tasche stecken kann. Außerdem bevorzuge ich Projekte, die rasch fertiggestellt werden können. Das ist es auch, was Schnitzen für Anfänger so attraktiv macht – es stellt sich rasch ein Erfolgserlebnis ein.

Meine Schnitzarbeiten ziehen oft die Aufmerksamkeit der Leute um mich herum auf sich, vor allem die von Kindern. Kinder sind die beste Zielgruppe für das Schnitzen, da sie kleine Dinge lieben und wenig Details brauchen, um herauszufinden, was das Werkstück darstellt. Doch selbst dann, wenn Sie alles nur für Kinder anfertigen, wird Ihr Projekt charakteristische Merkmale benötigen. Elefanten zum Beispiel haben stets große Ohren und einen langen Rüssel, was sowohl für Kinder als auch für Erwachsene leicht zu erkennen ist. Die Projekte in diesem Buch werden Ihnen zeigen, welche Merkmale hervorgehoben werden sollen und welche weggelassen werden können, wenn Sie einen Menschen, ein Tier oder ein Objekt darstellen möchten, und inspirieren Sie hoffentlich dazu, Ihre eigenen Schnitzprojekte zu entwerfen!

ERSTE SCHRITTE

Was macht ein gutes Schnitzmesser aus?

Einer der Gründe, warum ich zum Schnitzen eine große Affinität entwickelt habe, liegt in dem Umstand begründet, dass es quasi überall praktiziert werden kann. Das bedeutet, dass das Messer, das Sie verwenden, einfach zu transportieren sein sollte. Ich verwende stets ein klappbares Taschenmesser; es gibt nämlich nichts Praktischeres als einfach und sicher ein Klappmesser in seine Tasche stecken zu können.

Viele Hersteller erzeugen Klappmesser zum Schnitzen, die klassischen Schnitzmessern gleichen. Diese Spezialmesser können sehr teuer sein. Sie sind ihren Preis wert, wenn Sie sehr viel schnitzen, aber grundsätzlich benötigen Sie sie nicht.

Viele Schnitzer verwenden ein zweites Taschenmesser für den alltäglichen Gebrauch – zum Beispiel zum Öffnen von Kartonschachteln –, um ein Abstumpfen des Messers, das sie zum Holzschnitzen benötigen, zu vermeiden. Bei der Wahl des Taschenmessers fürs Schnitzen sollten Sie folgende Faktoren beachten:

Karbonstahlklinge

Viele Taschenmesserklingen werden aus Edelstahl gefertigt. Edelstahl stumpft nur sehr langsam ab und rostet nicht, wenn Sie das Messer mit feuchter Klinge schließen – beides einzigartige Vorzüge eines Taschenmessers. Da Edelstahl sich nur schwer abnutzt, lässt es sich auch nur schwer schärfen. Die meisten Schnitzwerkzeuge werden aus kohlenstoffreichem Stahl gefertigt. Messer aus diesem Stahl sind teurer als Messer mit Edelstahlklingen, sind aber leichter zu schärfen.

Viele Hersteller produzieren Edelstahlklingen mit hohem Kohlenstoffgehalt, die die Widerstandsfähigkeit des Edelstahls mit den Vorzügen des Karbonstahls kombinieren.

Klingenposition

Manche Taschenmesser haben 10 bis 20 Klingen und entsprechendes Zubehör. Solche Messer sind für den langfristigen Gebrauch eher unbequem; die Klingen, mit denen Sie schnitzen wollen, befinden sich selten in der Mitte des Griffes. Wenn die Klinge nicht in der Mitte des Griffes sitzt, verlieren Sie an Hebelwirkung, was wiederum die Kraft und Kontrolle beim Schnitzen einschränkt. Suchen Sie stattdessen nach einem Messer mit nur zwei oder maximal drei Klingen. Bei diesen Messern finden Sie in der Regel die passende Klingenposition vor.

Eine Schaf-fuß-Klinge (oben) ist besser fürs Schnitzen geeignet als eine Drop-Point-Klinge (unten).

Klingenformen

Suchen Sie nach einer Schaffuß-(Sheepfoot-)Klinge; eine, deren Spitze sich mög-lichst in einer Linie mit der Schneide befindet, ähnlich wie bei einem Teppich-messer oder Cutter. Viele Taschenmesser haben eine Drop-Point-Form, bei der die Spitze des Messers in der Mitte der Klinge liegt. Diese Form eignet sich gut für allgemeine Schnitzarbeiten, macht das Schnitzen von Details jedoch schwieriger. Sie können eine Klinge mit Schleifstein und Sandpapier auch umformen, aber der Vorgang ist sehr zeitaufwändig.

Arretierung

Eine Arretierung verhindert – zum Schutz Ihrer Finger – das unbeabsichtigte Wiedereinklappen der Klinge. Wenn Sie sich stets bewusst sind, dass das Messer zusammenklappen kann, können Sie sicher arbeiten, egal ob Ihr Messer eine Arretierung hat oder nicht.

Wie Sie Ihr passendes Messer wählen

Das ideale Messer auszuwählen, ist eine Frage der persönlichen Präferenz. Das Größenverhältnis zwischen Hand und Griff hat einen starken Einfluss darauf, wie angenehm die Benutzung des Messers über einen längeren Zeitraum sein wird. Das perfekte Messer Ihres Freundes ist nicht zwangsläufig das passende für Sie. Fragen Sie andere Schnitzer nach ihrer Meinung, aber nehmen Sie mehrere Mes-ser in die Hand, bevor Sie eines kaufen.

Grundausstattungsset

Wie bereits zuvor erwähnt, benötigen Sie nicht viel mehr als ein Messer und Holz, um mit dem Schnitzen zu beginnen. Es kann jedoch nützlich sein, ein paar zusätzliche Werkzeuge zur Hand zu haben. Ich empfehle Ihnen, ein Grundaus-stattungsset zusammenzustellen, damit Sie das Wichtigste immer bei sich haben, wo immer Sie auch hingehen mögen.

Mein erster Vorschlag wäre ein Schnitzhandschuh. Ich verwende einen derartigen Handschuh, um die Hand zu schützen, die das Holz hält. Die richtige Positionierung der Hand sollte eigentlich Verletzungen vorbeugen; einen Schnitzhandschuh zu verwenden, ist eine weitere gute Sicherheitsvorkehrung.

Manche Projekte wie meine Übungsvorlage und der 15-Minuten-Weihnachtsmann haben keine Vorlage, weshalb es erforderlich ist, Schnittlinien aufzuzeichnen. Halten Sie daher immer ein paar Bleistifte griffbereit, um Skizzen und Schnittlinien auf das Holz zeichnen zu können. Das ist auch sehr praktisch, wenn Sie unterwegs sind und kein Muster dabeihaben – Sie können einfach eines selbst skizzieren.

Zum Schluss sorgen Sie noch dafür, einen Streichriemen in Ihr Set aufzunehmen. Ein Streichriemen hält die Schneidkante Ihres Messers scharf. Ich schärfe meine Klinge vor und nach jeder Schnitzeinheit; manchmal auch zwischendurch.

Die Wahl des Holzes

Die wichtigste Voraussetzung für die Wahl des Schnitzholzes besteht darin, aus dem Holz Details herausarbeiten zu können. Dazu braucht es eine enge Holzmaserung, die frei von Astlöchern sein muss. Es gibt mehrere Holzarten, die diese Kriterien erfüllen; für nicht geübte Schnitzer sollte das verwendete Holz überdies leicht zu schnitzen sein. In den USA heißt das Holz, das all diese Kriterien erfüllt, „basswood"; in Europa kennt man es als Lindenholz. Lindenholz ist zu niedrigen Preisen erhältlich. Das bedeutet aber nicht, dass sich andere Holzarten nicht zum Schnitzen eignen; das Erfolgserlebnis wird bei Lindenholz für unerfahrene Schnitzer, die erst kurz dabei sind, aber größer sein.

Das Vorbereiten eines Holzrohlings

Übertragen einer Vorlage

Die meisten Schnitzvorlagen gibt es, so wie in diesem Buch, in gedruckter Form. Ich empfehle, diese Vorlagen zu kopieren, sodass Sie stets eine Kopiervorlage haben. Sie können die Vorlage mit einem Kopiergerät auch vergrößern oder verkleinern. Wenn Sie das Muster auf den Rohling übertragen, verwenden Sie Graphit- oder Blaupapier. Legen Sie die Vorlage auf den Rohling, schieben Sie einen Bogen dazwischen und fixieren Sie diesen mit ein paar Stücken Klebeband. Zeichnen Sie das Muster mit einem roten Stift nach. Wählen Sie ein helles Transferpapier für Lindenholz.

Für mehrere gleichartige Schnitzarbeiten verwenden Schnitzer häufig eine beständige Vorlage aus Karton, Plastikfolie oder jedem anderen Material, das sich leicht schneiden und auf Holz nachzeichnen lässt.

Wenn Sie das Muster übertragen haben, schneiden Sie die Umrisse mit einer Band-, Dekupier- oder Laubsäge aus. Nun können Sie mit dem Schnitzen beginnen!

PROJEKTE

Es gibt vier Arten von Projekten in diesem Buch: Basisprojekte, Menschliche Figuren, Tier- und Tierkinderfiguren. Die Basisprojekte umfassen ein Übungsstück und als Schnitzobjekte einen Ball, eine Hui-Maschine und einen Kürbis-Anstecker. Diese kurzweiligen und einfachen Projekte werden Ihnen helfen, Ihre Schnitzfähigkeiten schnell zu entwickeln. Danach können Sie diese Fähigkeiten bei der Umsetzung von Projekten aus den folgenden Kapiteln anwenden.

Im Abschnitt Menschliche Figuren finden Sie den beliebten 5-Minuten-Zauberer, den 15-Minuten-Weihnachtsmann, einen Bauern, den man auch zu einem Kobold oder Gnom überarbeiten kann, und einen kleineren Wichtel. Diese ulkigen Figuren eignen sich für Kinder und Erwachsene; ich will Sie dazu ermutigen, mit den verschiedenen Feinbearbeitungen zu spielen, damit Sie Ihre ganz persönlichen Figuren kreieren können.

In dem Abschnitt Tierfiguren finden Sie einen Hund, einen Bären, einen Wasserspeier, ein Pferd und einen Fuchs. Erlernen Sie das Schnitzen von verschiedenen Tierarten und -rassen – für den Hund zeige ich Beispiele eines Pudels,

Scottish Terriers und eines Boxers – und verschiedenen Größen der jeweiligen Tierfiguren. Ich schnitzte Miniatur-Pferde, um Ohrringe herzustellen, und fertigte sowohl eine große als auch eine kleine Hundefigur, um mit den Größen zu experimentieren. Das Beste am Schnitzen ist, dass es keinerlei Regeln dafür gibt, was Sie als Nächstes kreieren.

Wenn wir schon von kleinen Schnitzarbeiten sprechen – das letzte Kapitel in diesem Buch widmet sich den Tierkinderfiguren. Es beinhaltet ein Rehkitz, ein Ferkel, einen jungen Fuchs, Bären und Elefanten. Wenn Sie die Projekte in diesem Buch gemeistert haben, schnitzen Sie doch auch noch andere Tierkinderfiguren! Wenn Sie Ihr Repertoire erweitern wollen, rate ich Ihnen, sich von exotischen oder obskuren Tierfiguren fernzuhalten. Wählen Sie eine Tierfigur, die Kinder wiedererkennen können und zu dem sie einen Bezug haben. Vergessen Sie nicht, dass die geschnitzte Tierkindfigur lebhaften Spielen ausgesetzt werden könnte; also wählen Sie eine eher stämmige Tierfigur, die nicht zu zerbrechlich ist. Versuchen Sie beim Zeichnen oder Erwerben von Vorlagen eine Seitenansicht oder ein Profil zu verwenden. Beim Nachzeichnen und Ausschneiden des Tierkindrohlings richten Sie das Muster auf dem Holz so aus, dass Schwachstellen beim fertiggestellten Schnitzobjekt vermieden werden.

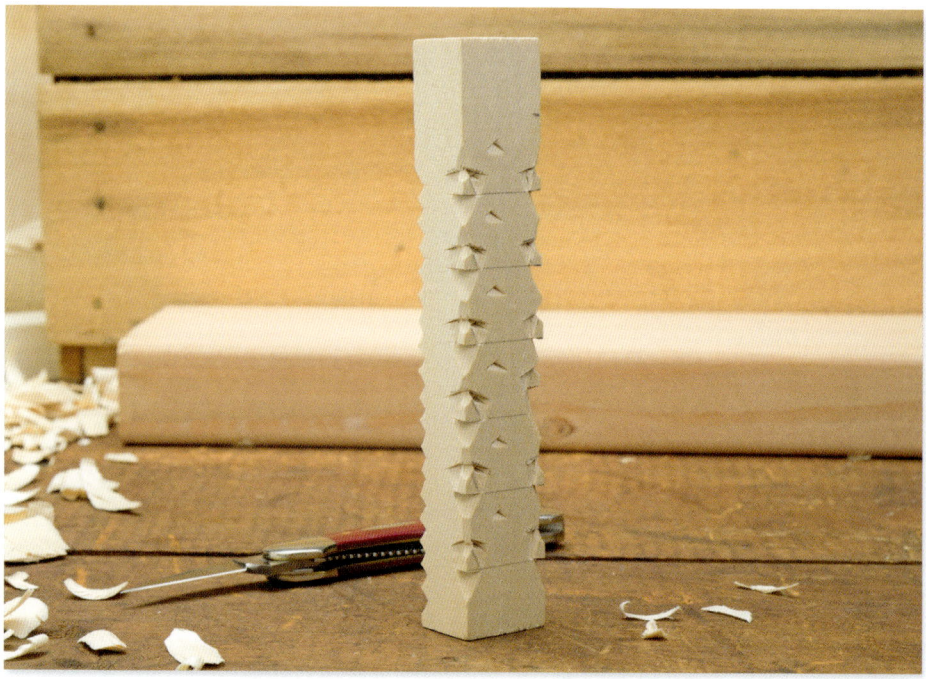

Übungsstück

Früher lehrte man junge Mädchen die grundlegenden Stiche, die zum Nähen notwendig sind.
Sie fertigten „Übungsstücke" an, bei denen die
wichtigsten Stiche immer und immer wieder
wiederholt wurden. Diese Übungsstücke konn-
ten sehr einfache Übungsstücke, aber auch
aufwändigere Arbeiten mit Wörtern und Szenen
sein. Der Gedanke hinter dieser Beschäftigung
war folgender: üben, üben, üben.

Ich habe derartige Übungsstücke entworfen,
damit Anfänger die grundlegenden Schnitte üben können, nämlich den „Stopp-" oder
„Einschnitt", den „Schiebeschnitt" und den
„Schälschnitt". Lesen Sie mehr über diese Grundschnitte im Anhang auf Seite 86.

Bei diesem Projekt üben Sie sowohl an jeder
Kante des Rohlings als auch an den Flächen.
An der ersten und zweiten Kante üben Sie
Stoppschnitte und Kerben. Dies wird Sie darauf
vorbereiten, an der dritten und vierten Kante

das Schnitzen von Nasen
und Augen zu üben. Dies
wiederum wird besonders
für das Kapitel „Menschliche
Figuren" in diesem Buch
hilfreich sein; die erlernten
Fähigkeiten können aber
bei jedem Projekt angewendet werden.

Material & Werkzeug

Material
- Lindenholz,
  19 mm stark
  51 mm x 178 mm

Werkzeug
- Messer
- Lineal

Übungsstück: Stopp- oder Einschnitte

Stoppschnitte an Kante 1 und 2 anbringen. Bringen Sie im Abstand von 6 mm Markierungen an zwei Kanten des Rohlings an. Machen Sie einen leichten, ca. 3 mm tiefen Schnitt an jeder Markierung.

Kerben schneiden. Entfernen Sie kleinwinkelige Holzspäne von beiden Seiten des Einschnittes, um eine gleichmäßige Kerbe zu erhalten. Dies sind Schäl- und Schiebeschnitte.

Übungsstück: Augen und Nasen schnitzen

Die Unterkante der Nase schnitzen. Bringen Sie an der Kante 3 und 4 Markierungen im Abstand von 19 mm an. Machen Sie 5 mm tiefe Einschnitte an jeder Markierung (Stoppschnitt). Wenden Sie danach den Schiebeschnitt an, um bis zu jedem Einschnitt einen Holzspan zu entfernen. Auf diese Weise kreieren Sie die Unterkante einer Nase. Wiederholen Sie die Übung an jedem übrigen Einschnitt.

✎ Einfachere Einschnitte

Nun ist ein guter Zeitpunkt, eine Gepflogenheit einzuüben: Wenn Sie kleinere Projekte schnitzen, ist es einfacher, die Stoppschnitte so herzustellen, dass Sie das Holz in die Klinge bewegen und nicht die Klinge in das Holz. Das wird nicht immer möglich sein, aber üben Sie es, wann immer es geht. Setzen Sie die Klinge an die Markierung, halten Sie sie fest und wiegen Sie das Holzstück in die Klinge, um einen Einschnitt auszuführen.

Eine Nase schnitzen. Zeichnen Sie die Nase und die Oberkante der Augen. Machen Sie Einschnitte an beiden Seiten der Nase, indem Sie die Spitze des Messers auf beiden Seiten am oberen Ende in das Holz stechen und dann die Klinge abwärts zur Unterkante der Nase wiegen, wie am Foto abgebildet. Führen Sie die Klinge in wiegenden (schaukelnden) Bewegungen, sodass Sie die Nase nicht unterhöhlen.

Die Augenhöhlen schnitzen. Machen Sie Einschnitte an der Oberkante jeder Augenhöhle, indem Sie die Messerspitze dort in das Holz stechen, wo sie sich mit dem oberen Rand der Nase kreuzt, und wiegen Sie die Klinge dann hinaus, wie auf dem ersten Foto abgebildet. Schneiden Sie danach mithilfe der Messerspitze bis zu den Einschnitten, die die Seiten der Nase und die Oberkanten der Augen markieren, und entfernen Sie von jeder Seite der Nase einen Holzspan. Der tiefe Bereich, wo sich die Schnitte überschneiden, ist die Augenhöhle. Üben Sie diese Schnitte, um Nasen und Augen zu formen, an den verbleibenden Markierungen dieses Stückes.

Die Augen schnitzen. Bringen Sie mit der Spitze der Klinge an einer der flachen Seiten des Rohlings zwei kurze, sich kreuzende Einschnitte an. Entfernen Sie danach den durch die Einschnitte umrissenen Holzspan mit der Spitze des Messers.

Augen in die Augenhöhlen hinzufügen. Üben Sie nun das Hinzufügen von Augen mithilfe von Stoppschnitten an den Kanten 3 und 4.

Kugel

In diesem Projekt üben Sie, eine Kugel aus einem rechteckigen Stück Holz zu schnitzen. Die meisten Schnitzprojekte erfordern eine Form der Abrundung; diese Übung erleichtert Ihnen das Erlernen dieser Fertigkeit.

Material & Werkzeug

Material
- Lindenholz
  19 mm stark
  19 mm x 127 mm

Werkzeug
- Messer
- Lineal
- Bleistift

Einschnitte setzen. Messen Sie von einem Ende 19 mm ab und bringen Sie rund um den Rohling Markierungen an. Machen Sie nun Einschnitte entlang der Markierung.

Ecken schnitzen. Wenden Sie den Schiebe- und Schälschnitt an, um die Kanten des Rohlings abzurunden.

Die Kugel fertigstellen. Fahren Sie damit fort, das Ende des Rohlings mit Schiebe- und Schälschnitt abzurunden, bis das 19-mm-Viereck rund wie eine kleine Murmel ist. Schneiden Sie die Kugel dann vom Rohling ab und schnitzen Sie eine neue. Je öfter Sie das machen, desto einfacher wird es!

Hui-Maschine

Hui-Maschine, Gee Haw Whimmy Diddle oder auch Zauberpropeller – dieses einfache kleine Projekt ist unter vielen Namen bekannt. Es ist leicht zu schnitzen, aber noch kurzweiliger ist es, damit zu spielen. Für alle, die es nicht wissen: Eine Hui-Maschine ist ein eingekerbter Stab mit einem Propeller an einem Ende. Wenn Sie mit einem Stock entlang der Einkerbungen des Stabes reiben, während Sie diesen Stab mit Ihrem Daumen und Zeigefinger in einer stabilen Position halten, wird der Propeller beginnen, sich in eine Richtung zu drehen. Richtig spannend wird es aber erst, wenn Sie den Propeller in die andere Richtung drehen lassen – und das nur mithilfe Ihrer Stimme!

Material & Werkzeug

Material
- Lindenholz, 10 mm stark, eingekerbter Stab, 10 mm x 305 mm
- Lindenholz, 6 mm stark: Propeller, 13 mm x 64 mm
- Rundholzstab, 5 mm Durchmesser: Reibestab, 203 mm lang
- Kleiner Nagel, Schraube oder Stecknadel

Werkzeug
- Messer
- Lineal

Einschnitte setzen. Markieren Sie den Stab in Intervallen von 10 mm. Machen Sie dann ca. 3 mm tiefe Einschnitte an jeder Markierung.

Kerben schneiden. Entfernen Sie spitzwinkelige Späne an beiden Seiten jedes Einschnittes, um gleichmäßige Kerben zu erzielen.

Propeller schnitzen. Bohren Sie für den Propeller ein kleines Loch ca. 3 mm tief in das Ende des eingekerbten Stabs. Schneiden Sie dann mit dem Messer Holzstreifen von beiden Seiten des Propellers.

4

5

Propeller anbringen. Verwenden Sie einen Nagel oder eine Stecknadel, um den Propeller an dem eingekerbten Stab anzubringen. Eventuell den Nagel etwas biegen, damit sich der Propeller frei drehen kann.

Gleichgewicht überprüfen. Halten Sie den eingekerbten Stab in der Hand, um zu kontrollieren, ob der Propeller an beiden Seiten des Nagels das gleiche Gewicht hat. Wenn der Propeller an einer Seite schwerer ist, entfernen Sie dort ein bisschen Holz und überprüfen Sie das Gleichgewicht erneut. Tun Sie dies nun so lange, bis der Propeller ausbalanciert ist. Halten Sie dann den eingekerbten Stab in einer Hand und reiben Sie den Rundholzstab entlang der Kerben auf und ab. Mit ein wenig Übung wird sich der Propeller drehen!

Wie die Hui-Maschine funktioniert

Halten Sie den Reibestab in Ihrer dominanten Hand; schieben Sie den Zeigefinger oder Daumen nach vorn, bis er gegen die obere Seite des eingekerbten Stabes drückt. Beginnen Sie, mit dem Stock entlang der Kerben zu reiben. Der Propeller wird sich drehen. Bewegen Sie Ihre Hand so, dass der Daumen oder der Zeigefinger gegen die unter Seite des eingekerbten Stabes drückt. Der Propeller wird nun die Richtung ändern. Üben Sie die Bewegung, bis Sie sie fließend ausführen können, und koordinieren Sie sie mit Sprachbefehlen.

Kürbis-Anstecker

Saisonale Anstecker sind immer nett zu schnitzen und zu verschenken; man kann sich kein Halloween ohne Kürbis vorstellen! Ich habe mich deshalb dafür entschieden, den Kürbis mit einem Gesicht zu versehen, wie es für eine Halloween-Laterne gestaltet wird, aber Sie können den Kürbis natürlich auch unverziert lassen. Es gibt unendlich viele Gesichter, die Sie schnitzen können, wenn Sie sich dazu entschließen, einen Anstecker herzustellen, der wie eine Halloween-Laterne aussieht. Ich habe mich für zwei freundliche Gesichter entschieden, aber Sie können sich gern auch an schrecklichen, traurigen oder überraschten Gesichtern versuchen.

Erste Schritte

Zeichnen Sie das Muster auf den Rohling und schneiden Sie mit einer Band-, Dekupier- oder Laubsäge entlang des Umrisses. Bringen Sie Schnittlinien auf den Rohling auf.

Material & Werkzeug

Material
- Lindenholz, 6 mm stark, 51 mm x 51 mm
- Acrylfarben (optional)
- Holzbeize (optional)
- Polyurethan

Werkzeug
- Band-, Dekupier- oder Laubsäge
- Messer
- Pinsel (optional)

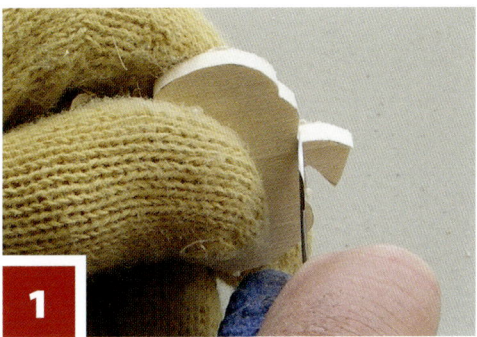

1

Stängel schneiden. Machen Sie einen Einschnitt an der Basis des Stängels. Verjüngen Sie den Stängel, indem Sie hinunter zum Einschnitt schnitzen.

2

Kürbis formen. Runden Sie den Kürbis ab, indem Sie kleine Späne und Scheiben von den Außenkanten entfernen. Das Ziel ist es, den Kürbis rund aussehen zu lassen; versuchen Sie also möglichst viele flache Stellen wegzuschnitzen.

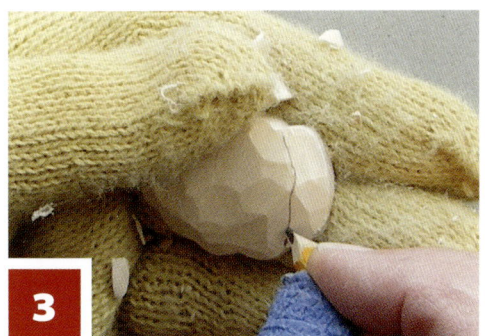

3

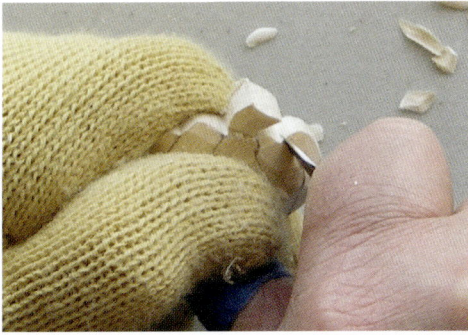

Segmente des Kürbis schnitzen. Zeichnen Sie die Segmente des Kürbisses ein. Machen Sie leichte Einschnitte, die die Segmente des Kürbis darstellen. Um diese Einschnitte sicher auszuführen, beginnen Sie sie an der Außenkante des Rohlings und schneiden Sie in Richtung Mitte. Vermeiden Sie es, die Klinge über die Kanten zu führen.

✏ SICHERHEITSTIPP

Wenn Sie einen Schälschnitt in Richtung Ihres Daumens ausführen, versuchen Sie Ihren Daumen immer unterhalb der Kante des zu bearbeitenden Holzes zu halten.

4

Segmente markieren. Entfernen Sie in einem schmalen Winkel Holz an jeder Seite des Einschnittes, um die Segmente voneinander zu trennen. Vermeiden Sie, wie auch in Schritt 3, die Klinge über die Kante zu führen.

5

Gesicht schnitzen. Verwenden Sie einen Bleistift, um Augen, Nase und Mund schwach aufzuzeichnen. Sie können ein klassisches Halloween-Laternengesicht entwerfen, wie ich es in diesem Schritt getan habe, oder, wie beim Kürbisgesicht auf Seite 20, etwas weniger Geläufigeres kreieren. Machen Sie leichte Einschnitte, um Mund, Nase und Augen zu markieren. Entfernen Sie die Späne, um Augen und Nase zu formen. Schneiden Sie dann einen dünnen Span, der den Mund definiert, heraus.

✎ Faserrichtung

Um die Richtung der Fasern zu bestimmen, entfernen Sie, noch bevor Sie einen Schnitt anbringen, ein ganz dünnes Stück Holz oder einen Span, um zu sehen, ob die Klinge ins Holz zieht. Wenn sie dies tut, schneiden Sie gegen die Faser; Sie sollten das Stück drehen und in die entgegengesetzte Richtung schneiden.

Kürbis fertigstellen. Es kann notwendig sein, den Kürbis mit einer steifen Bürste (wie eine Zahnbürste), warmem Wasser und etwas flüssigem Reinigungsmittel zu säubern, um Bleistiftmarkierungen, Schmutz oder „Holzfussel" am Ende der Schnitte zu entfernen. Wenn Sie ein Schnitzobjekt reinigen, lassen Sie es trocknen, bevor Sie mit der Endbearbeitung beginnen.

Vorderansicht

Kürbis-Anstecker Muster

Fertigstellung

Es gibt viele Möglichkeiten, den Kürbis fertigzustellen: glattschmirgeln, Messerschnitte sichtbar lassen, beizen oder anmalen. Kombinieren und probieren Sie diese Techniken oder lassen Sie Ihr Schnitzobjekt unbearbeitet. Im Anhang (Seite 92) finden Sie den Abschnitt „Fertigstellung" für zusätzliche Informationen. Ich habe den Stängel grün und braun, den Körper orange und die Augen, die Nase und den Mund schwarz bemalt. Wenn der Kürbiskopf ein Anstecker werden soll, kleben Sie eine Anstecknadel auf die Rückseite.

-------- Schnittlinien

Material & Werkzeug

Material
- Lindenholz, 19 mm stark, 19 mm x 102 mm, halbiert, um zwei Rohlinge zu erhalten
- Sandpapier
- Acrylfarben (optional)
- Holzbeize (optional)
- Polyurethan

Werkzeug
- Lineal
- Messer
- Pinsel (optional)

5-Minuten-Zauberer _____

Wenn ich Anfängern das Schnitzen beibringe, will ich immer ein Projekt entwerfen, das die Schüler in einer einzigen Übungseinheit erfolgreich fertigstellen können. Dieser 5-Minuten-Zauberer ist dafür genau das richtige Projekt! Ich verwende es, um die grundlegenden Schnitztechniken zu lehren, und zu Demonstrationszwecken. Ich stelle Schnitzarbeiten in Souvenirläden, bei Festivals und Kunstmärkten aus und habe die Erfahrung gemacht, dass der eigentliche Akt des Schnitzens viele Zuschauer anlockt.

Der 5-Minuten-Zauberer ist eine einfache Übung, die man auch Zuschauern zeigen kann. Besonders Kinder lieben es, Mitbringsel zu bekommen. Meistens schnitze ich die Zauberer während der Veranstaltung und nehme sie zum Bemalen mit nach Hause. Die bemalten Figuren gebe ich den Zuschauern, während ich neue für den nächsten Tag schnitze. Es wird ein bisschen länger dauern, wenn Sie Ihre ersten Zauberer herstellen, aber sobald Sie die Schritte beherrschen, realisieren Sie die Figur in knapp fünf Minuten und können davon eine große Sammlung schnitzen. Neben der Aufmerksamkeit, die man damit bei öffentlichen Veranstaltungen auf sich zieht, sind die Zauberer auch perfekte kleine Geschenke. Lassen Sie einen Zauberer mit dem Trinkgeld im Restaurant auf dem Tisch sitzen oder geben Sie ihn Ihrer Lieblingsbedienung. Außerdem können Sie eine Anstecknadel an diesem Schnitzobjekt befestigen oder dieses als Schlüsselanhänger verwenden.

Erste Schritte

Bevor Sie mit dem Schnitzen beginnen, sollten Sie die gesamte Schritt-für-Schritt-Anleitung lesen.

Der Zauberer wird aus einem dreieckigen Rohling geschnitzt. Um einen dreieckigen Rohling zu erhalten, stellen Sie die Klinge einer Tischkreissäge auf 45° und schneiden Sie bis zur Hälfte des Holzbalkens. Schneiden Sie von beiden Richtungen, um in der Mitte eine Kerbe von 45° zu erhalten. Dann mit einer Bandsäge bis zur Hälfte der Balkenlänge durch die Mitte der Furche schneiden.

Klemmen Sie die winkelige Schablone an den Sägetisch. Positionieren Sie den rechteckigen Rohling in der Kerbe und schieben Sie den Rohling durch die Sägenklinge, um zwei dreieckige Rohlinge zu erhalten. Zeichnen Sie die Vorlage des Zauberers und eine Mittellinie auf einen der beiden Rohlinge.

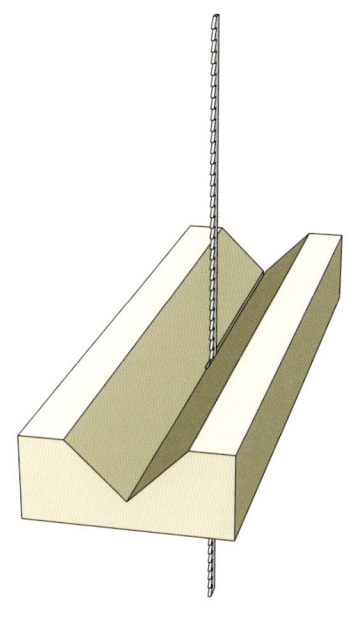

1

Unterkante des Hutes anzeichnen.
Setzen Sie bei 38 mm von oben eine Markierung an der Kante des Rohlings. Zeichnen Sie schräge Linien zu den Außenkanten. Machen Sie 3 mm tiefe Einschnitte entlang dieser Linien.

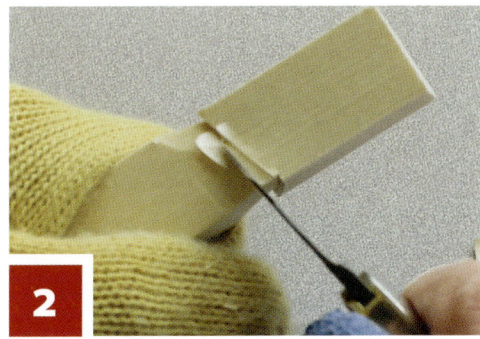

2

Gesicht bis zum Hut freischneiden.
Beginnen Sie an jeder Seite 6 mm unterhalb des Einschnitts vom Einschnitt einen Schiebeschnitt. Schneiden Sie bis zu den Einschnitten hinauf, um die Fläche für Augenhöhlen und Wangen zu schaffen.

Gesicht formen. Beginnen Sie an den Außenkanten des Rohlings, 6 mm unterhalb des Einschnitts. Schneiden Sie bis zum Einschnitt und entfernen Sie etwa 5 mm von beiden Seiten des Gesichts.

Markieren der Nase. Machen Sie einen tiefen Einschnitt an der Vorderkante, 13–19 mm unterhalb der Unterkante des Hutes. Schneiden Sie von noch weiter unten hinauf zum Einschnitt der Nase, um die Unterkante der Nase von Mund und Kinn zu trennen.

Nase und Augen skizzieren. Zeichnen Sie die Nase und Oberkanten der Augen. Drücken Sie die Messerspitze ins Holz hinein, an der inneren Ecke eines Auges beginnend, und schneiden Sie zur Unterkante der Nase. Bringen Sie an der inneren Ecke einen Einschnitt für jeden Augenbereich an.

Nase und Wangen formen. Schneiden Sie mit der Messerspitze hinauf zu den in Schritt 5 angebrachten Stoppschnitten und entfernen Sie einen Holzspan an jeder Seite der Nase. Die tiefen Bereiche, wo sich die Schnitte kreuzen, werden die Augenhöhlen. Entfernen Sie die Ecken an der Unterseite der Nase.

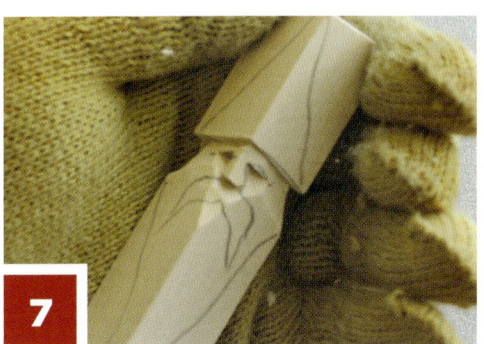

Schnurrbart skizzieren. Zeichnen Sie Hut, Schnurrbart und Bart. Führen Sie die Klinge entlang des Schnurrbarts und machen Sie rundherum einen Einschnitt. Verbreitern Sie den Einschnitt, um die Wangen vom Schnurrbart zu trennen.

Bart formen. Schneiden Sie zu den Stoppschnitten unterhalb des Schnurrbarts hin. Schneiden Sie entlang des Bartumrisses, um das Formen des Bartes zu vollenden. Wenn gewünscht, können Sie mit der Messerspitze Haarlinien und Barttextur hinzufügen.

9

Nase formen. Geben Sie der Nasenspitze eine runde oder spitze Form. Schneiden Sie von oben herunter, um den Nasenrücken zu gestalten. Schneiden Sie von der Spitze hinauf und lösen Sie den Span, indem Sie von den Augenbrauen hinunterschneiden. Schneiden Sie kleine Halbkreise für die Augen.

10

Hut formen. Benutzen Sie Ihren Daumen, um gegen den Rohling zu drücken und schieben Sie die Klinge zu sich her, sodass Sie den Hut zu einer Spitze schneiden. Sie können den Hut lang und spitz gestalten, zerdrückt oder auch an der Spitze umgeklappt. Gestalten Sie ihn ganz nach Ihren persönlichen Wünschen.

Fertigstellung

Es gibt viele Möglichkeiten, den Zauberer fertigzustellen – Sie können ihn abschleifen, um ihn abgerundeter aussehen zu lassen oder ihn einfach rustikal und ungeschliffen lassen. Wie immer Sie sich entscheiden: Säubern Sie Ihr Schnitzobjekt mit einer Zahnbürste, einem Reinigungsmittel und warmem Wasser, um Bleistiftmarkierungen oder Fussel zu entfernen. Nach dem Trocknen können Sie die Figur nach Belieben mit Acrylfarben oder Beize bemalen.

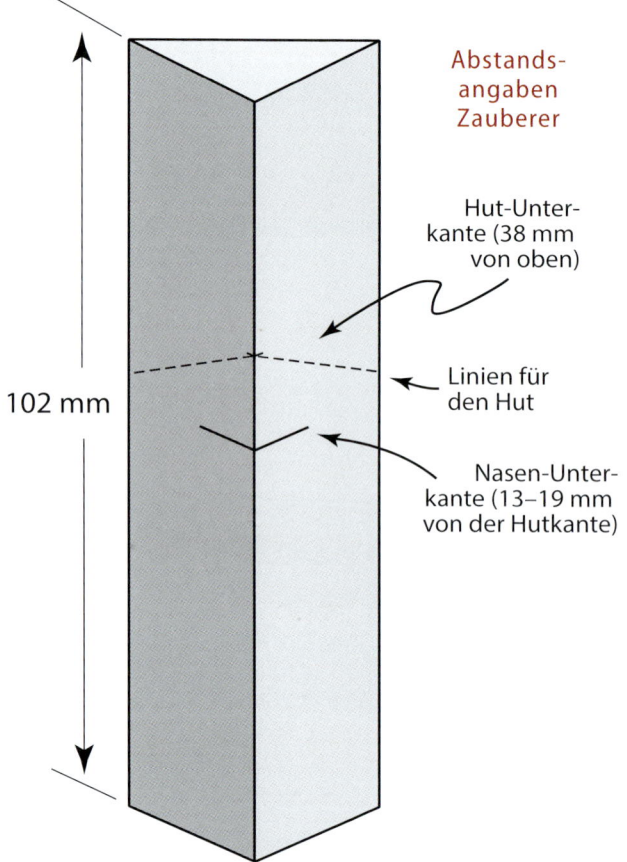

Abstandsangaben Zauberer

102 mm

Hut-Unterkante (38 mm von oben)

Linien für den Hut

Nasen-Unterkante (13–19 mm von der Hutkante)

Varianten des 5-Minuten-Zauberers

Es gibt viele Möglichkeiten, den 5-Minuten-Zauberer zu gestalten und zu verändern. Experimentieren Sie mit verschiedenen Gesichtsausdrücken, Bartformen und Hutgrößen. Lassen Sie den Hut weg und geben Sie dem Zauberer eine Kapuze für ein geheimnisvolles Aussehen. Machen Sie einen Zahnstocherhalter, indem Sie ein kleines Loch in die Unterseite des Bartes bohren. Kleben Sie den Zauberer an eine Wäscheklammer, um ein wenig Fröhlichkeit in Ihre Wäsche zu bringen, Fotos aufzuhängen oder Zettel zu ordnen. Es gibt so viele Varianten – deshalb liebe ich den 5-Minuten-Zauberer; er wird einfach niemals fade.

✎ Seien Sie stets bereit

Tragen Sie immer ein Stück Lindenholz (oder anderes Schnitzholz) und ein Taschenmesser bei sich. Sie wissen nie, wann der nächste perfekte „Schnitzmoment" da ist. Das ist eine der Freuden des Schnitzens.

15-Minuten-Weihnachtsmann

Handgeschnitzter Christbaumschmuck ist ein ganz besonderes Geschenk. Diese schnell und einfach herzustellende Figur eines Weihnachtsmannes kann in knapp 15 Minuten fertiggestellt werden. Das Projekt verlangt die gleichen Techniken, wie sie beim 5-Minuten-Zauberer (Seite 24) erforderlich sind. Nur ein paar kleine Veränderungen und Sie haben einen ganzen Baum voll Weihnachtsmannschmuck!

Die Figur wird aus einem dreieckigen Rohling geschnitzt. Lesen Sie hierzu die Anleitung auf Seite 25. Die Ecken des Rohlings stellen die Mittellinie des Gesichtes dar. Bevor Sie beginnen, üben Sie ein paar Weihnachtsmanngesichter. Die Skizzen sollten so groß wie das spätere Schnitzobjekt sein. Experimentieren Sie mit der Form des Bartes, der Wangen und des Hutes. Wenn der Schnurrbart nach oben zeigt, sieht es so aus, als lächelte der Weihnachtsmann.

Material & Werkzeug

Material
- Lindenholz: 19 mm–25 mm stark, 25 mm x 152 mm
- Acrylfarben (optional)
- Holzbeize (optional)
- Polyurethan
- kleine Ösenschraube oder Anstecknadel (optional)

Werkzeug
- Band-, Dekupier- oder Laubsäge
- Messer
- Pinsel (optional)
- Geißfuß (optional)

Hut skizzieren. Bringen Sie 38 mm unterhalb der Oberkante des Rohlings eine Markierung an. Zeichnen Sie von diesem Punkt nach rechts eine waagrechte Linie. Zeichnen Sie die Falte des Hutes und die runde Kugel auf die linke Seite. Machen Sie 3 mm tiefe Einschnitte entlang dieser Linien.

Gesicht vom Hut trennen. Beginnen Sie etwa 6 mm unterhalb des Einschnittes an der Unterkante des Hutes und schnitzen Sie bis dorthin hinauf, um das Gesicht vom Hut zu trennen. Entfernen Sie einen Span unterhalb des Hutbommels, um ihn vom Bart zu trennen.

Herausarbeitung der Nasenunterkante. Machen Sie einen tiefen Einschnitt 6 mm unterhalb der Hutunterkante. Schneiden Sie von unten hinauf zu diesem Einschnitt, um die Nasenunterkante vom Schnurrbart zu trennen. Lassen Sie für den Schnurrbart genug Holz unter der Nase stehen.

4

Nase und Augen herausarbeiten. Zeichnen Sie die runde Nase und die Augenoberkanten. Drücken Sie die Messerspitze in die innere Ecke eines Auges und schneiden Sie hinunter zur Nasenunterkante. Schneiden Sie nicht zu tief unter die Nase. Drücken Sie die Messerspitze in die innere Ecke des Auges und machen Sie einen tiefen, gekrümmten Einschnitt entlang der Oberkante Augenhöhle. Wiederholen Sie diesen Schritt am anderen Auge.

5

Nase von den Wangen trennen. Schneiden Sie mit der Messerspitze hinauf zu den Einschnitten aus Schritt 4. Entfernen Sie einen Span auf beiden Seiten der Nase, um die Nase von den Wangen zu trennen. Runden Sie die Nasenspitze mit ein paar kleinen Schnitten ab.

6

Schnurrbart und Hut vom Bart trennen. Zeichnen Sie Schnurrbart, Bart, Wangen und Hutspitze. Die Oberkante des Schnurrbarts formt die Wangenrundungen. Bringen Sie gekrümmte Einschnitte an, beginnend bei der Nase, entlang des Schnurrbarts bis hin zum Einschnitt an der äußeren Augenoberkante.

7

Wangen formen. Runden Sie die Wangen bis zu den Einschnitten ab, sodass Sie Schnurrbart und Nase herausarbeiten. Schneiden Sie entlang der Nase hinunter, um den Nasenrücken zu formen.

8

Die Unterkante des Schnurrbarts formen. Entfernen Sie für den Mund einen kleinen dreieckigen Span von der Kante des Rohlings unterhalb des Schnurrbarts. Machen Sie einen Einschnitt entlang der Unterkante des Schnurrbarts und schneiden Sie dorthin hinauf, um den Schnurrbart vom Bart zu trennen.

9

Hut formen. Schneiden Sie von der Oberkante des Hutes nach unten, um die scharfe Kante zu entfernen. Schneiden Sie von unten hinauf und runden Sie den Hut vorn und an den Seiten ab. Spitzen Sie den Hut nach oben hin zu. Wenden Sie einen Schiebeschnitt an und drehen Sie die Klinge am Ende des Schnittes hinauf und vom Hut weg. Einen kleinen Holzspan an der linken unteren Seite entfernen und dann den Bommel formen.

10

Bart formen. Wenden Sie hinauf und hinunter den Schälschnitt an (abhängig von der Faserrichtung), und zwar gemäß der Bleistiftstriche, die den Bart markieren. Runden Sie die Unterkante des Barts ab. Runden Sie alle verbliebenen geraden Flächen ab.

11

Fertigstellung. Entfernen Sie einen kleinen Holzspan dort, wo die Augen gemalt werden. Machen Sie 6 mm oberhalb der Hutunterkante einen 2 mm tiefen Einschnitt. Schneiden Sie zu diesem Einschnitt hinunter, um die Hutkrempe vom Hut zu trennen. Sie können Bart und Schnurrbart mit einem Geißfuß strukturieren. Verwenden Sie Ihren Daumennagel, um die Augenbrauen zu modellieren.

Fertigstellung

Entscheiden Sie sich, ob Sie den Weihnachtsmann abschleifen und abrunden oder lieber „urig" erscheinen lassen wollen. Säubern Sie Ihr Schnitzobjekt aber in jedem Fall mit einer Zahnbürste, Reinigungsmittel und warmem Wasser, um Bleistiftstriche und Fussel zu entfernen. Nach dem Trocknen können Sie das Schnitzobjekt mit Acrylfarben oder Beize bemalen. Bringen Sie oben eine kleine Ösenschraube an, um einen Anhänger zu fertigen, oder befestigen Sie eine Anstecknadel.

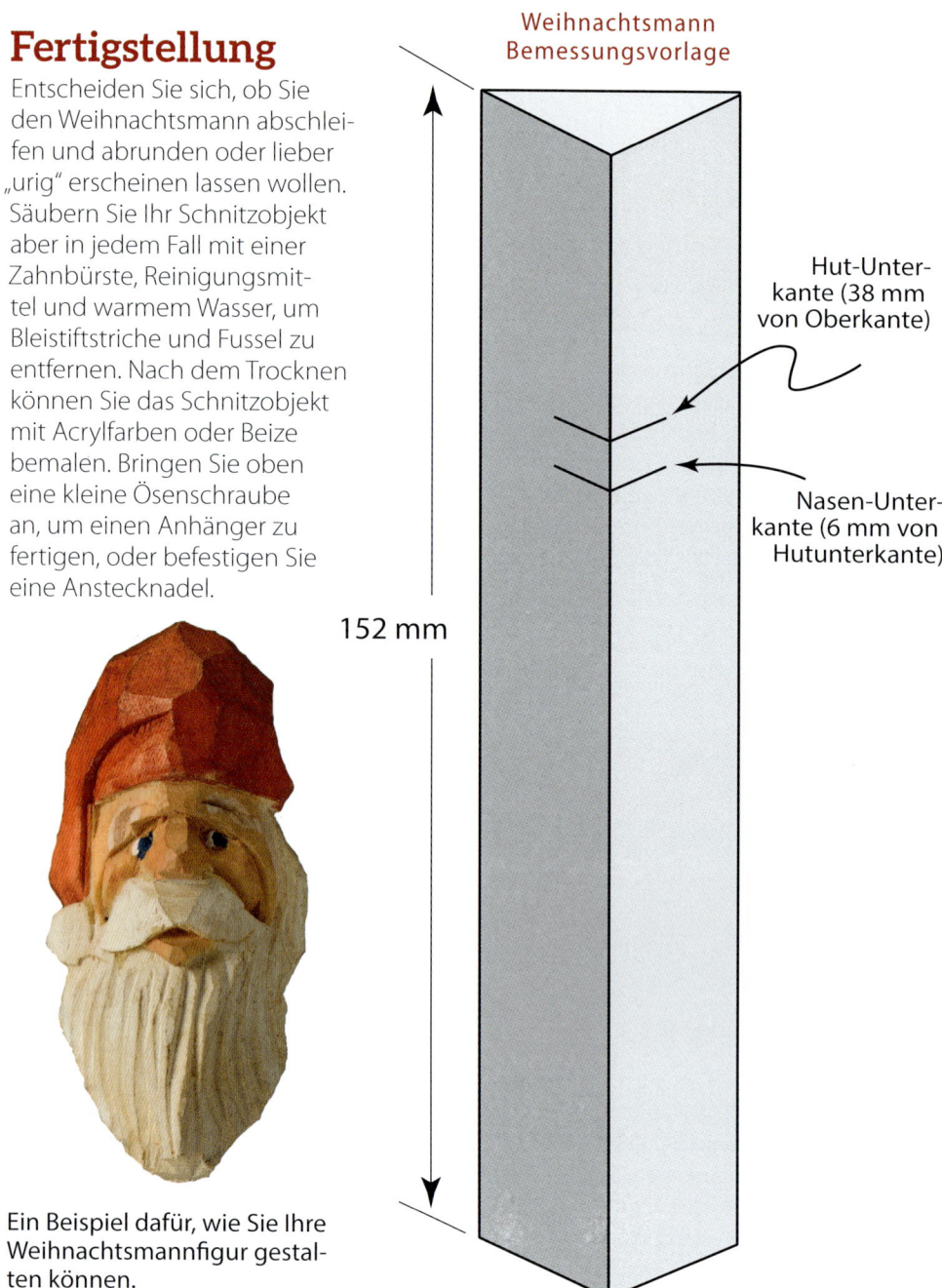

Weihnachtsmann
Bemessungsvorlage

Hut-Unterkante (38 mm von Oberkante)

Nasen-Unterkante (6 mm von Hutunterkante)

152 mm

Ein Beispiel dafür, wie Sie Ihre Weihnachtsmannfigur gestalten können.

Bauer

Schnitzen kann, je nachdem, woran wir uns versuchen, einfach oder kompliziert sein. Hier ist ein kleines Projekt, das einfach und schnell umzusetzen ist und dennoch eindrucksvolle Details aufweist. Sie können den „Bauernfigur-Rohling" im Übrigen auch für andere Figuren (Kobold, Onkel Sam, Wichtel) verwenden.

Ich habe dieses Schnitzobjekt aus dickerem Holz geschnitzt, um die Figur auf ein Bücherregal stellen zu können, aber Sie können auch einen Anstecker daraus fertigen, wenn Sie die Figur aus einem 6 mm starken Holz schnitzen und eine Anstecknadel am fertigen Objekt befestigen.

Erste Schritte

Übertragen Sie die Vorlage auf den Rohling und schneiden Sie diesen mit einer Band-, Dekupieroder Laubsäge aus. Zeichnen Sie die Schnittlinien und eine Mittellinie auf den Rohling.

Material & Werkzeug

Material
- Lindenholz:
  19 mm stark,
  25 mm x 102 mm
- Sandpapier
- Acrylfarben (optional)
- Holzbeize (optional)
- Polyurethan

Werkzeug
- Band-, Dekupier- oder Laubsäge
- Messer
- Pinsel (optional)

Die wichtigsten Elemente skizzieren.
Einschnitte entlang der Schnittlinien vornehmen. Vertiefen Sie die Einschnitte dort, wo Kopf und Hals auf die Brust treffen, wo die Schultern auf den Nacken am Rücken treffen, an den Armbeugen, an den Bereichen vor jedem Ohr, zwischen den Beinen, an den Hosentaschen und an den Unterkanten der Hosenbeine.

1

Hut herausarbeiten. Machen Sie Einschnitte an den Seiten des Hutes bis hinunter zur Krempe; dann die scharfen Ecken der Hutkrempe entfernen. Mithilfe des Daumens Schiebeschnitte anbringen, um den Hut oben abzurunden.

2

Kopf formen. Vor und hinter den Ohren Späne entfernen. Verjüngen Sie die Seiten des Kopfes und der Stirn hinauf zur Hutkrempe. Schneiden Sie an beiden Seiten einen Span heraus, wo die Oberseite der Arme, der Kopf und die Brust aufeinandertreffen. Schnitzen Sie dann das Genick am Haaransatz heraus.

3

4

Arme, Brust und Bauch herausarbeiten.
Schneiden Sie an beiden Armbeugen einen
Span heraus. Verjüngende Schiebeschnitte
bis zu den Stoppschnitten, die die Arme von
Brust und Bauch trennen. Verjüngen Sie den
oberen Brustbereich zum Halsbereich hin.
Beginnen Sie, Brust und Bauch abzurunden.

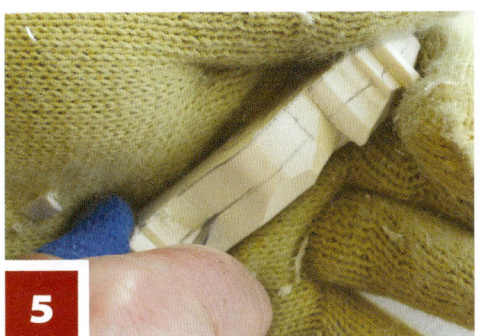

5

Beine und Füße herausarbeiten. Machen
Sie vorn und hinten v-förmige Stoppschnitte
zwischen den Beinen und modellieren Sie
diese. Dann Schälschnitte an den Füßen
durchführen, bis hinauf zu den Einschnitten an den Hosenbeinen. Lange Schiebeschnitte ausführen, um die Seiten der
Beine abzurunden.

6

Details an Gesicht und Kopf hinzufügen.
Machen Sie tiefe Einschnitte seitlich entlang
der Nase und über der Oberkante der Au-
genbereiche. Entfernen Sie mit dem Messer
die Späne, die durch die Einschnitte an den
Seiten der Nase entstehen. Machen Sie einen
Einschnitt über der Nasenoberkante und
schneiden Sie bis dorthin hinauf, um den
Nasenrücken zu formen. Machen Sie dann
einen leichten Einschnitt, um die Ober- und
Unterkante des Schnurrbarts zu markieren,
und schneiden Sie zu diesen Einschnitten
hinauf und hinunter.

7

8

Details am Körper hinzufügen. Runden Sie die Arme bis zu den tiefen Einschnitten ab, die sie vom Körper trennen. Runden Sie Brust, Bauch und Beine bis zu den Einschnitten ab. Schnitzen Sie hinunter zu den Einschnitten, die den Overall der Bauernfigur markieren, um ihn vom Körper zu trennen. Schnitzen Sie zu den Einschnitten, die die vorderen und hinteren Hosenträger markieren. Entfernen Sie ein dünnes Holzstück von jedem Unterarm, sodass es so aussieht, als wenn die Hände in den Hosentaschen steckten.

Letzte Schritte. Schnitzen Sie die Fersen und verjüngen Sie die Füße zu den Zehen hin zu. Entfernen Sie kleine Holzstückchen in jedem Ohr. Machen Sie die Hutkrempe schmaler.

Sie können mit diesem Muster viele verschiedene Figuren schnitzen. Schnitzen Sie einen Wichtel, einen Wanderer, einen Kobold oder auch „Onkel Sam".

vorne   links   hinten   rechts

Vorlage Bauernfigur

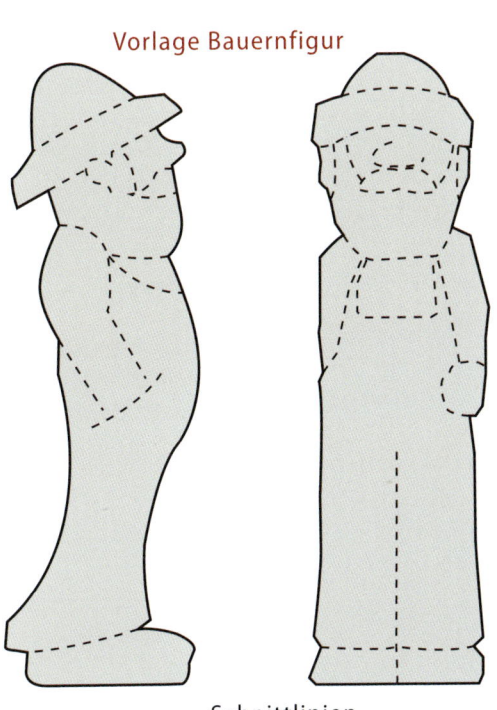

-------- Schnittlinien

Fertigstellung

Ich habe diese Figur mit verdünnten Acrylfarben angemalt. Manchmal brenne ich eine dünne Linie zwischen zwei Farben, um das Vermischen zu verhindern. Verwenden Sie einen Zahnstocher, um die Farbe in den Augen aufzutragen.

Wichtel

Ein Grund, warum das Schnitzen mit nur einem Messer so eine Freude ist, besteht wie erwähnt darin, dass man es überall ausüben kann. Die Rohlinge für diese Wichtelfiguren sind klein genug, um sie einfach für unterwegs in die Tasche stecken zu können. Sie können aus diesem Wichtel eine Figur fertigen oder unten ein Loch hineinbohren, um einen Flaschenstopfen herzustellen.

Erste Schritte

Skizzieren Sie die Seitenansicht der Vorlage auf das Lindenholz, schneiden Sie den Rohling zu und zeichnen Sie Grundzüge und Mittellinie auf. Bohren Sie bei Bedarf ein Loch für den Flaschenstopfenzylinder. Ich klebe den Zylinder vor dem Schnitzen an den Rohling, weil ich dadurch beim Schneiden einen besseren Halt habe.

Material & Werkzeug

Material
- Lindenholz: 25 mm stark, 25 mm x 89 mm
- Acrylfarben (optional)
- Polyurethan
- Veredelungswachs (optional)

Werkzeug
- Messer
- Band-, Dekupier- oder Laubsäge
- Pinsel (optional)

1

Kopf und Hut grob ausschneiden.
Schnitzen Sie den Hut spitz zu. Bringen Sie
einen Einschnitt an der Unterkante des Huts
an. Beginnen Sie an den Ecken des Huts und
schneiden Sie dann nach vorn und hinten.
Hinter den Ohren Einschnitte setzen und
die Holzspäne entfernen, sodass die Ohren
hervorstehen. Den Gesichts- und Bartbereich
schmaler gestalten.

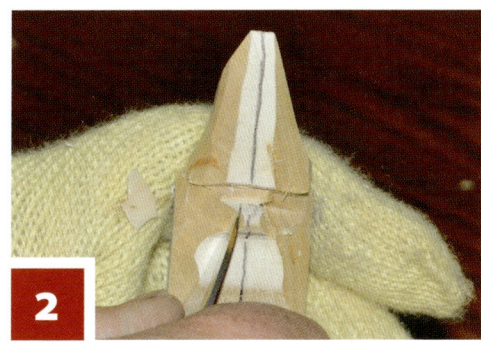

2

Nase und Augenbrauen herausarbeiten.
Drücken Sie die Messerspitze an der Braue
entlang der Nasenseiten vertikal ins Holz und
wiegen Sie die Klinge abwärts. Schneiden Sie
nicht zu weit unter die Nase. Die Messerspitze an der Oberkante der Nase horizontal ins
Holz drücken; die Klinge weg von der Nase
wiegen, um die Augenbraue zu formen. Auf
der anderen Seite wiederholen.

3

Gesicht grob ausschneiden. Schnitzen Sie
bis zu den Einschnitten entlang der Nase und
Augenbrauen, um Holzspäne zu entfernen.
Die Nasenspitze abrunden. Den Schnurrbart
aufzeichnen, dann oben und unten entlang-
schneiden. Bis zur Oberkante des Schnurrbarts hinunterschnitzen, um ihn von den
Wangen zu trennen.

4

Arme, Beine, Taschen und Bart trennen.
Machen Sie Einschnitte entlang der Schultern, Arme (vorne und hinten), Taschen und
entlang des Bartes. Späne aus den inneren
Ecken der Ellbogen, den Oberkanten der Beine und der Unterkante des Barts entfernen.

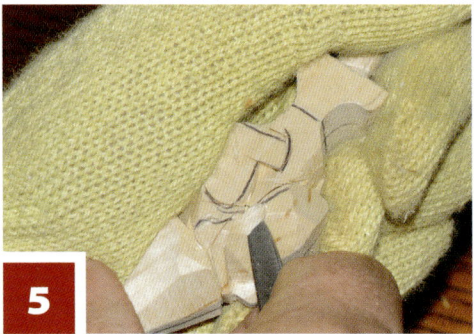

5

Gesicht verschmälern. Setzen Sie einen Stoppschnitt vor jedes Ohr. Schnitzen Sie hinauf zu diesen Einschnitten, um die Ohren vom Gesicht zu trennen und Gesicht und Stirn zu verschmälern.

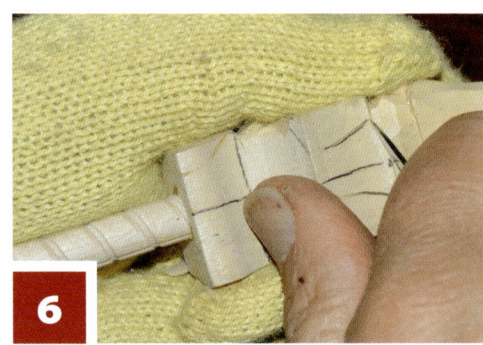

6

Rückseite der Arme formen. Schneiden Sie hinauf zu den Einschnitten, um die Arme vom Rücken zu trennen.

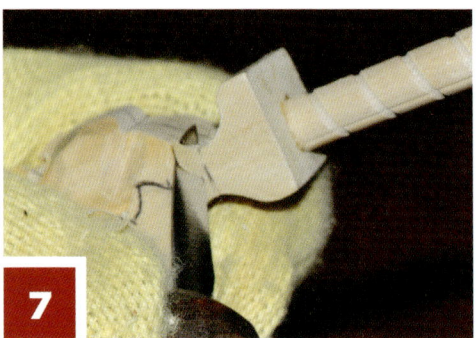

7

Stiefel formen. An der Oberkante der Stiefel Einschnitte setzen. Formen Sie die Beine bis hinunter zu den Einschnitten. Runden Sie dann die Stiefel ab.

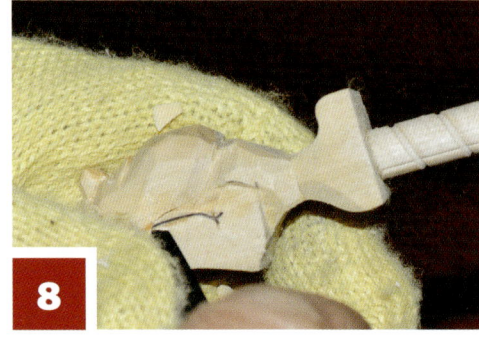

8

Arme und Beine verfeinern. Schnitzen Sie vorsichtig zu den Einschnitten, um die Arme zu formen und zu verfeinern. Um dem Wichtel ein rundliches Aussehen zu verleihen, entfernen Sie einfach die harten Kanten an Armen und Beinen. Runden Sie alle Ecken ab, um den Wichtel „weicher" aussehen zu lassen.

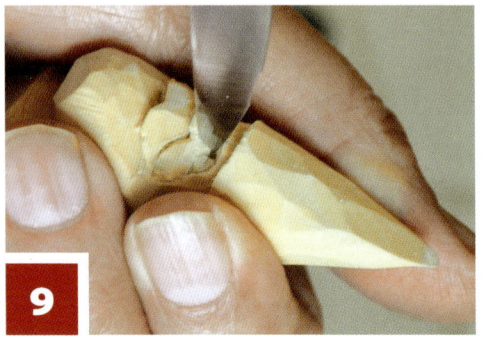

9

Augen schnitzen. Bringen Sie rautenförmige Einschnitte zwischen den oberen und unteren Augenlidern an. Schaben Sie dann in Richtung Einschnitte, um die Späne zu beseitigen, und zwar bis ein leichter Punkt in der Mitte zurückbleibt, der den Augapfel darstellt. Sie können die Augenhöhlen aber auch flach lassen und die Augen aufmalen.

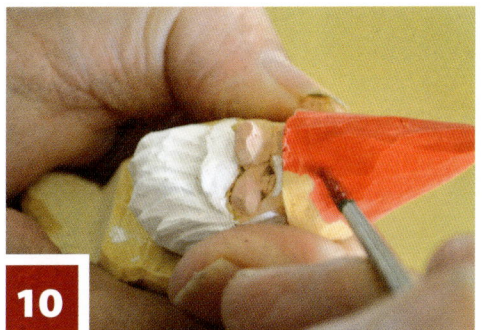

10

Wichtelfigur fertigstellen. Verwenden Sie
ein Messer, um den Bart und die Haare zu
strukturieren. Säubern Sie Ihr Schnitzobjekt
mit einer steifen Bürste (Zahnbürste), Seife
und Wasser. Lassen Sie sie trocknen, bevor
Sie Beize, Wachs oder Acrylfarben auftragen.

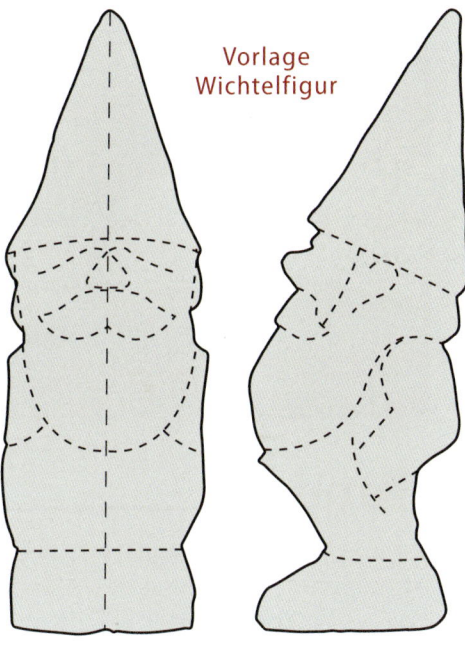

Vorlage
Wichtelfigur

✎ **Merkmale betonen**

Um die Charakterzüge stärker her-
vorzuheben, entfernen Sie kleine
dreieckige Späne, und zwar überall
dort, wo zwei Flächen aufeinandertreffen – Nasenunterkante und
Wangen, Rückseite der Ohren und
Innenseite der Ellbogen.

-------- Schnittlinien

vorne   seitlich   hinten

Hund

Wenn der Hund der beste Freund des Menschen ist, ist dieses Projekt der beste Freund des Schnitzers! Diese geschnitzten Hundefiguren sind ideal für Anfänger, aber genauso für Fortgeschrittene, denn Sie können selbst entscheiden, wie viele Details Sie hinzufügen.

Für dieses Projekt habe ich einen Deutschen Schäferhund geschnitzt, aber auch einen Boxer, einen Pudel und einen Scottish Terrier. Wenn Sie Figuren einer anderen Hunderasse schnitzen wollen, suchen Sie sich einfach eine gute Vorlage. Scannen Sie die Illustration in den Computer ein und vergrößern oder verkleinern Sie sie, um die

Material & Werkzeug

Material
- Lindenholz: 19 mm stark, 64 mm x 83 mm
- Sandpapier
- Acrylfarben (optional)
- Holzbeize (optional)
- Polyurethan

Werkzeug
- Band-, Dekupier- oder Laubsäge
- Messer
- Pinsel (optional)

Vorlage Ihren Intentionen anzupassen. Halten Sie sich beim Schnitzen an die Vorlage der Hunderasse, die Sie schnitzen wollen.

Erste Schritte

Übertragen Sie die Vorlage auf den Rohling und schneiden Sie ihn entlang der Umrisse mit einer Band-, Dekupier- oder Laubsäge aus. Zeichnen Sie Schnittlinien und eine Mittellinie auf den Rohling.

1

Hals schnitzen. Bringen Sie einen Einschnitt zwischen dem Kopf- und Halsbereich an. Verjüngen Sie den Nackenbereich zur Mittellinie hin.

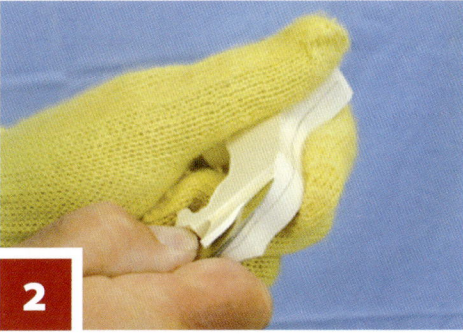

2

Schwanz schnitzen. Setzen Sie einen Einschnitt zwischen den Schwanz und dem hinteren Teil des Hundes. Verjüngen Sie den Schwanz zur Mittellinie hin.

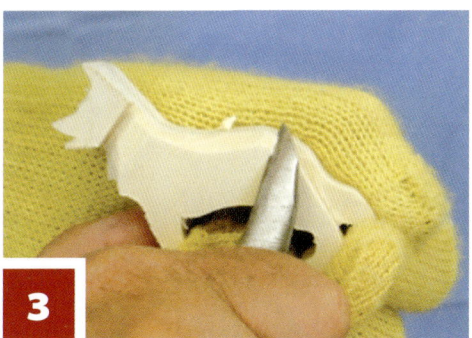

3

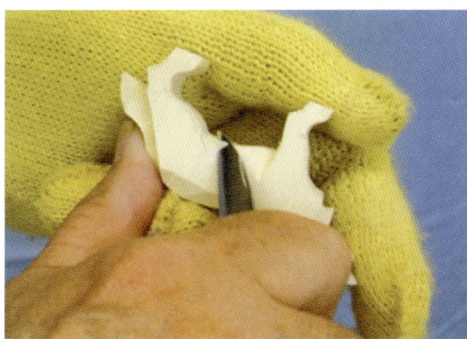

Rücken und Bauch formen. Fahren Sie damit fort, den Schwanz, Rücken und Hals des Hundes zur Mittellinie hin zu verjüngen und abzurunden. Bringen Sie Einschnitte zwischen Beinen und Bauch an. Den Bauch zwischen Vorder- und Hinterbeinen schmaler gestalten.

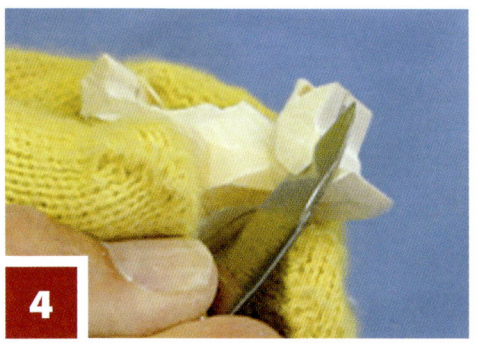

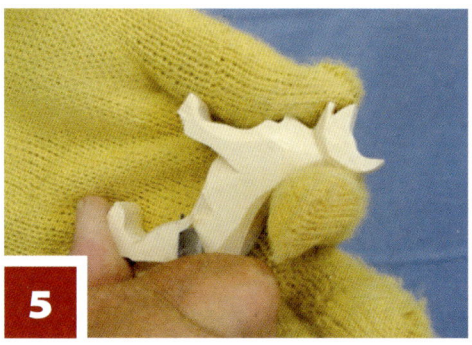

4

5

Kopf schnitzen. Verjüngen Sie den Kopf des Hundes zur Schnauze hin. Entfernen Sie das Holz zwischen den Ohren. Runden Sie die Schnauze ab und formen Sie den Mund.

Beine formen. Verschmälern Sie die Beine und formen Sie die Pfoten. Lassen Sie für die Stabilität die Beine verbunden.

vorne   seitlich   hinten

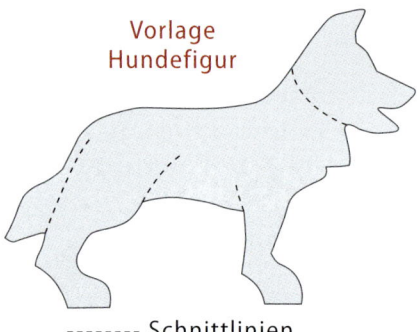

Vorlage
Hundefigur

-------- Schnittlinien

Fertigstellung

Es gibt viele Möglichkeiten, den Hund fertigzustellen: glattschmirgeln, Messerschnitte sichtbar lassen, beizen, anmalen. Probieren und kombinieren Sie diese Techniken oder lassen Sie den Hund einfach unvollendet.

Bär

Bären zählen zu den wildesten – und auch putzigsten – Tieren, die es gibt. Die Indianer betrachteten sie oft als ein Zeichen von Stärke und Weisheit. Eine Figur dieses majestätischen Tieres ist ein besonderes Geschenk für Kinder und Erwachsene.

Erste Schritte

Übertragen Sie die Vorlage auf den Rohling und schneiden Sie diesen mit einer Band-, Dekupieroder Laubsäge aus. Zeichnen Sie Schnittlinien und die Mittellinie auf den Rohling.

Material & Werkzeug

Material
- Lindenholz: 19 mm stark, 89 mm x 51 mm
- Sandpapier
- Acrylfarben (optional)
- Holzbeize (optional)
- Polyurethan

Werkzeug
- Band-, Dekupieroder Laubsäge
- Messer
- Pinsel (optional)

✏ Bleiben Sie symmetrisch!

Wenn Sie die Bärenfigur schnitzen, drehen Sie sie in Ihren Händen, sodass Sie die gleichen Schnitte an jeder Seite ausführen. Dieses Vorgehen führt zu einer entsprechenden Symmetrie beim Schnitzobjekt. Den Rohling zu drehen, wird auch notwendig sein, um sicher feststellen zu können, ob Sie gegen oder mit der Faserrichtung schnitzen.

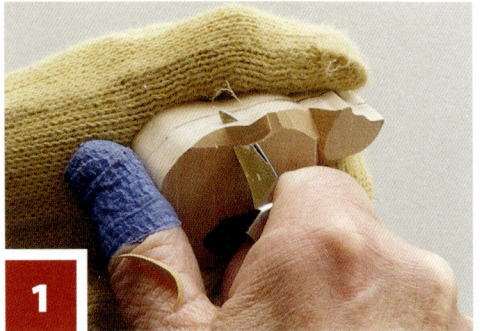

Kopf und Rücken schnitzen. Ich empfehle, für den Bären ein dickeres Stück Holz zu wählen, weil Bären schwerere Tiere sind. Setzen Sie einen Einschnitt zwischen Kopf und Rücken der Bärenfigur. Verjüngen Sie Kopf und Hals zu diesem Einschnitt hin und stellen Sie sicher, dass Sie Kopf und Hals zur Mittellinie hin formen. Runden Sie den Rücken und Rumpf des Bären zur Mittellinie hin ab, indem Sie Schäl- und Schiebeschnitte anwenden.

Bauch formen. Setzen Sie Einschnitte zwischen Vorderbeinen und Bauch, dann zwischen Hinterbeinen und Bauch. Verjüngen Sie den Bauch und runden Sie ihn zwischen diesen Stoppschnitten ab.

Kopf herausarbeiten. Verschmälern und formen Sie den Kopf des Bären in Proportion zu seinem Körper und verjüngen Sie ihn zur Nase hin. Runden Sie den Nasenbereich ab.

Bärenbeine formen. Verschmälern Sie die Beine ein wenig und formen Sie die Tatzen. Sie können die Beine trennen oder verbunden lassen.

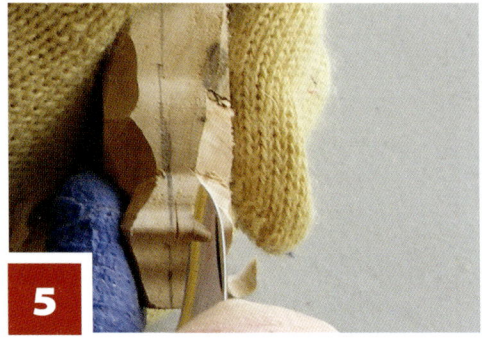

Ohren gestalten. Spalten und formen Sie die Ohren und runden Sie den Nasenbereich ab. Runden Sie weiter Rücken, Bauch, Hals, Kopf und Beine des Bären ab.

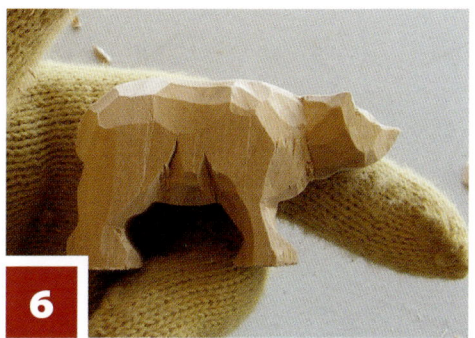

6

Bärenfigur fertigstellen. Es kann notwendig sein, dass Sie Ihr Bären-Schnitzobjekt mit einer harten Bürste (z B. Zahnbürste), warmem Wasser und Reinigungsmittel säubern müssen, um Bleistiftmarkierungen und Fussel zu entfernen. Wenn Sie die Figur reinigen, lassen Sie sie trocknen, bevor Sie Farbe auftragen.

vorne   seitlich   hinten

Fertigstellung

Es gibt viele Möglichkeiten, den Bären fertigzustellen: glattschmirgeln, Messerschnitte sichtbar lassen, beizen oder anmalen. Probieren und kombinieren Sie diese Techniken oder lassen Sie den Bären unbearbeitet. Für mehr Informationen blättern Sie in den Fertigstellungsabschnitt im Anhang (Seite 92). Ich entschied mich im Übrigen dafür, den Bären braun anzumalen.

Vorlage Bärenfigur

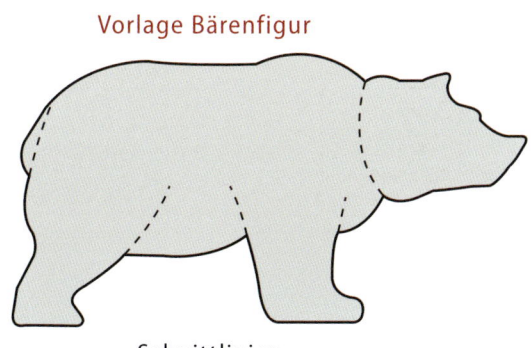

-------- Schnittlinien

Wasserspeier „Gargoyle"

Wasserspeier – hier eine „Gargoyle"-Figur – werden seit Jahrhunderten geschnitzt. Die ursprünglichen Entwürfe waren hohl und dienten als Wasserspeier; die langen Hälse oder Körper leiteten Regenwasser vom Gemäuer weg.

„Gargoyles" können die Form von Tieren, Menschen und Ungeheuern haben; viele sehen unheimlich aus und man sagt ihnen nach, sie schützten mit ihrer furchteinflößenden Gestalt das Gebäude. Dekorative Entwürfe wie die oben abgebildeten, die nicht als Wasserspeier gedacht sind, werden „Fratzen" genannt.

Wenn Sie die Größe der Vorlage verändern und an die Dicke des Holzes anpassen, können Sie diesen Entwurf in jeder Größe schnitzen. Meine Originalfigur ist 25 mm groß und besteht aus einem 19 mm starken Rohling. Für einen 38–51 mm großen Wasserspeier verwenden Sie 25 mm starkes Lindenholz, damit die Flügel vom Körper abstehen können.

Material & Werkzeug

Material
- Lindenholz: 19 mm stark, 25 mm x 25 mm
- Sandpapier
- Acrylfarben (optional)

Werkzeug
- Band-, Dekupier- oder Laubsäge
- Messer
- Pinsel (optional)
- Drehschrauber mit Aufsätzen: Schleifscheibe, 19 mm Durchmesser; Schleifscheibe, 6 mm Durchmesser, optional

Erste Schritte

Skizzieren Sie die Vorlage auf dem Rohling und schneiden Sie diesen mit einer Band-, Dekupier- oder Laubsäge aus. Lassen Sie an der Unterseite einen Griff, um das Halten zu erleichtern. Zeichnen Sie Mittellinien an den Kanten des Rohlings; im Anschluss daran skizzieren Sie Kopf, Körper, Beine und Flügel.

1

Kopf und Körper grob herausarbeiten. Einen Einschnitt zwischen Kopf und Flügeln setzen. Verjüngen Sie den Kopf mit dem Messer. Verjüngen Sie den Körper von der Unterkante der Beine zu den Schultern. Diese Verjüngung hat zur Folge, dass die Flügel vom Körper wegstehen.

2

Beine grob herausarbeiten. An beiden Seiten Einschnitte rund um die Beine setzen. Schnitzen Sie an diesen Einschnitten die Beine heraus. Tiefere Einschnitte dort setzen, wo die Hinterbeine sich krümmen. Die dreieckigen Späne in diesen Krümmungen entfernen.

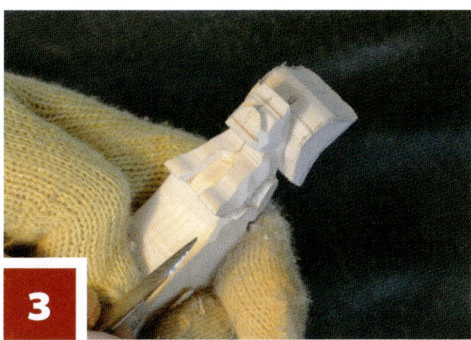

3

Die vorderen von den hinteren Beinen trennen. Machen Sie Einschnitte entlang der Innenseiten der Beine, vorn und hinten. Schnitzen Sie zu diesen Einschnitten hin, um die Beine voneinander und von Bauch und Rücken zu trennen.

4

Gesicht schnitzen. Schnitzen Sie eine enge, horizontale v-förmige Rille für den Mund und schnitzen Sie die Seiten des Mauls nach hinten zu den Augenbrauen. Schneiden und höhlen Sie die Ohren aus. Dabei die Faserrichtung beachten und das Messer behutsam verwenden. Runden Sie vorsichtig den Augenbereich ab; die Messerspitze verwenden, um kleine Löcher für die Augen zu schneiden.

5

Flügel trennen. Setzen Sie einen Einschnitt an der oberen und unteren Mitte der Flügel, und schnitzen Sie dann von beiden Seiten hinunter zu diesem Einschnitt. Vertiefen Sie diesen Einschnitt weiter und entfernen Sie das Holz von beiden Seiten bis hin zu diesem Einschnitt. Am besten wendet man hierfür den Schälschnitt an, der eine gute Rundung zwischen den Flügeln hinterlässt. Seien Sie vorsichtig, dass Sie nicht zu viel Druck auf die Flügel ausüben; sie brechen leicht.

6

Flügel verfeinern. Schnitzen Sie die Bögen an den Flügeln. Tun Sie dies, bevor Sie die Flügel dünner machen. Runden Sie die Vorderseiten der Flügel und die Vorder- und Hinterbeine ab.

7

Flügeladern schnitzen. Zeichnen Sie Adern von der Spitze der Bögen zum Ansatz des Flügels. Schneiden Sie v-förmige Rillen entlang dieser Linien. Für mehr Struktur die Bereiche zwischen den Adern bearbeiten.

8

Flügel fertigstellen. Die Flügel mit dem Messer oder Sandpapier dünner machen. Seien Sie vorsichtig, da die Flügel an ihrem Ansatz sehr zerbrechlich sind. Schneiden Sie den Griff ab.

vorne

seitlich

hinten

Vorlage „Gargoyle"

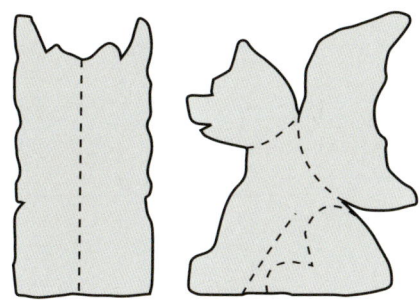

-------- Schnittlinien

Fertigstellung

Es gibt viele Möglichkeiten, den „Gargoyle" fertigzustellen: glattschmirgeln, Messerschnitte sichtbar lassen, beizen oder anmalen. Probieren und kombinieren Sie diese Techniken oder lassen Sie die Figur unbehandelt. Für mehr Informationen blättern Sie in den Fertigstellungsabschnitt im Anhang (Seite 92). Verdünnte graue Acrylfarbe lässt den „Gargoyle" so aussehen, als wäre er aus Stein gemeißelt.

Pferd

Pferde sind für Kinder und Erwachsene häufig Lieblingstiere. Wenn Sie einmal genug Übung haben, können Sie eine ganze Herde für Kinder schnitzen! Verwenden Sie auf jeden Fall die Vorlage und vergleichen Sie Ihr Werkstück mit der Abbildung, um die Charakteristika herauszuarbeiten. Sonst könnte es zum Beispiel passieren, dass es mit einem Hund verwechselt wird, weil Sie den Hals nicht lang und den Schwanz nicht füllig genug gemacht haben.

Erste Schritte

Übertragen Sie die Vorlage auf den Rohling und schneiden Sie diesen mit einer Band-, Dekupier- oder Laubsäge aus. Zeichnen Sie Schnittlinien und eine Mittellinie auf den Rohling.

Material & Werkzeug

Material
- Lindenholz: 19 mm stark, 76 mm x 76 mm
- Acrylfarben (optional)
- Holzbeize (optional)
- Polyurethan

Werkzeug
- Band-, Dekupier- oder Laubsäge
- Messer
- Pinsel (optional)

Kopf und Hals schnitzen. Setzen Sie Einschnitte zwischen Kopf und Hals. Beginnen Sie, den Hals zu dem Einschnitt und zur Mittellinie hin zu verjüngen.

Schwanz schnitzen. Setzen Sie Einschnitte zwischen Schwanz und hinterem Teil des Pferdes. Verjüngen und runden Sie den Schwanz in Richtung dieser Einschnitte, der Mittellinie des Schwanzes und der Schwanzspitze ab.

Pferdekörper formen. Runden Sie Schwanz, Rücken und Hals des Pferdes zur Mittellinie hin ab. Verschmälern Sie den Pferdekopf in Proportion zu seinem Körper und verjüngen Sie ihn zum Maul hin. Teilen Sie die Ohren und runden Sie das Maul ab.

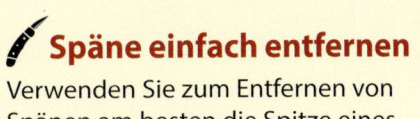

Späne einfach entfernen

Verwenden Sie zum Entfernen von Spänen am besten die Spitze eines sehr scharfen Messers.

Bauch formen. Machen Sie Einschnitte zwischen vorderen Beinen und Bauch, dann zwischen hinteren Beinen und Bauch. Beginnen Sie, den Bauch zwischen diesen Einschnitten zu verschmälern und abzurunden.

Pferdebeine formen. Verschmälern Sie die Beine und formen Sie die Hufe. Lassen Sie die Beine zusammen oder trennen Sie sie voneinander; ich lasse sie für mehr Stabilität verbunden.

Pferdefigur fertigstellen. Es kann notwendig sein, das Pferd mit einer steifen Bürste (Zahnbürste), Reinigungsmittel und warmem Wasser zu säubern, um Bleistiftstriche oder Fussel zu entfernen. Lassen Sie die Figur trocknen, bevor Sie sie mit Beize oder Farbe behandeln.

| vorne | seitlich | hinten |

Fertigstellung

Es gibt viele Möglichkeiten, die Pferdefigur fertigzustellen: glattschmirgeln, Messerschnitte sichtbar lassen, beizen oder anmalen. Probieren und kombinieren Sie diese Techniken oder lassen Sie die Figur unbehandelt. Für mehr Informationen blättern Sie in den Fertigstellungsabschnitt im Anhang (Seite 92). Ich habe mich im Übrigen dazu entschieden, die Pferdefigur mit verdünnter brauner Farbe anzumalen.

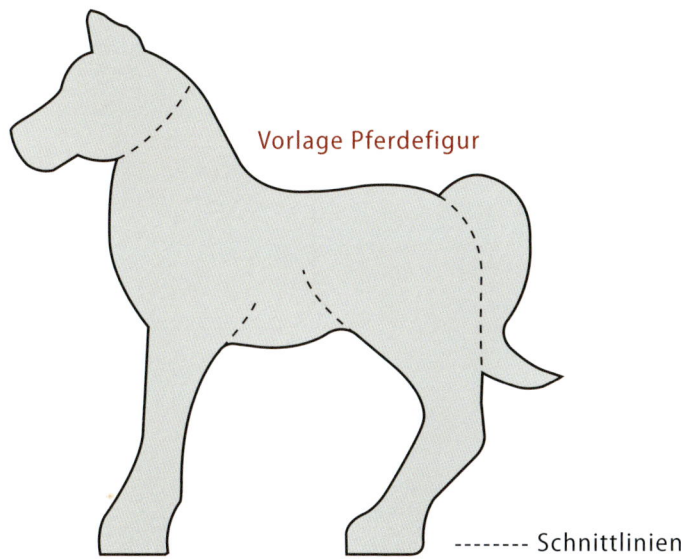

Vorlage Pferdefigur

-------- Schnittlinien

Fuchs

Sind Sie so schlau wie ein Fuchs? In Fabeln wird
der Fuchs stets als listig und schlau dargestellt,
aber ich finde ihn einfach nur goldig! Ich habe
einmal gehört, dass Füchse so gut im Verstecken
sind, dass es seitens der Fuchses Absicht ist, wenn
Sie einmal einen zu Gesicht bekommen.

Erste Schritte

Übertragen Sie die Vorlage auf den Rohling und
schneiden Sie diesen mit einer Band-, Dekupier-
oder Laubsäge aus. Zeichnen Sie Schnittlinien und
eine Mittellinie auf den Rohling.

Material & Werkzeug

Material
- Lindenholz: 19 mm
  stark, 51 mm x 51 mm
- Acrylfarben (optional)
- Holzbeize (optional)
- Polyurethan

Werkzeug
- Band-, Dekupier-
  oder Laubsäge
- Messer
- Pinsel (optional)

Kopf schnitzen. Setzen Sie dort Einschnitte, wo Kopf und Hals verbunden sind, und entfernen Sie die Holzspäne dieser Stoppschnitte.

Schwanz schnitzen. Setzen Sie Einschnitte dort, wo der Schwanz auf das Hinterteil des Fuchses trifft. Entfernen Sie das Holz vom Schwanz und dem Hinterteil bis zu diesen Stoppschnitten. Runden Sie die Seiten des Schwanzes und die Schwanzspitze bis zur Mittellinie ab.

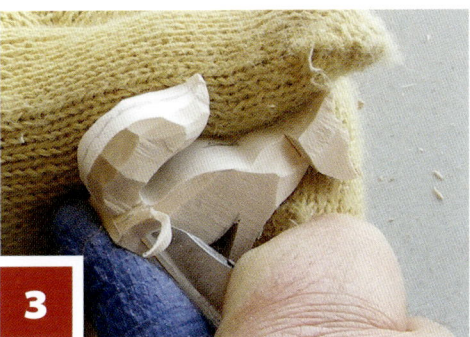

Rücken formen. Beginnen Sie, die Seiten des Fuchses zur Mittellinie hin zu verschmälern.

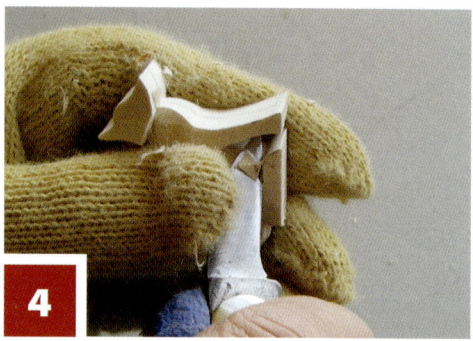

4

Beine schnitzen. Setzen Sie Einschnitte oben an den Hinterbeinen des Fuchses, wo sie auf den Körper treffen. Entfernen Sie Späne bis zu diesen Einschnitten. Wiederholen Sie dies bei den Vorderbeinen.

5

Rücken verjüngen. Fahren Sie fort, Rücken, Bauch und Hals zur Mittellinie hin zu verjüngen.

6

Kopf herausarbeiten. Verschmälern Sie den Kopf des Fuchses in Proportion zu seinem Körper. Verjüngen Sie das Gesicht Richtung Nase. Trennen Sie dann die Ohren voneinander und verleihen Sie diesen Kontur.

Kleine Späne entfernen

Vermeiden Sie es, zu große Späne mit nur einem Schnitt wegschneiden zu wollen, da das Holz splittern kann. Ein erfahrener Schnitzer meinte einmal, ich solle mir beim Schnitzen Reiskörner vorstellen.

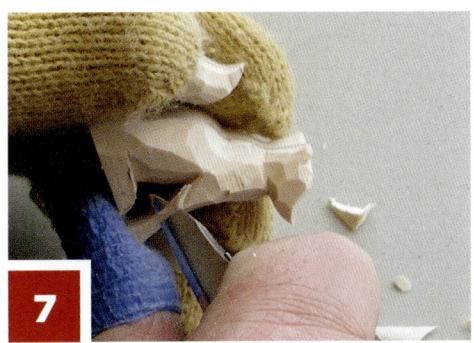

Beine formen. Verschmälern Sie die Beine und formen Sie die Pfoten. Nehmen Sie dünne Holzspäne von den Kanten der Beine weg.

Fuchsfigur fertigstellen. Es kann nötig sein, die Fuchsfigur mit einer harten Bürste (Zahnbürste), Reinigungsmittel und warmem Wasser zu säubern, um Bleistiftstriche oder Fussel zu entfernen. Lassen Sie die Figur trocknen, bevor Sie sie mit Beize oder Farbe behandeln.

Brüchen vorbeugen

Aufgrund der Faserrichtung besteht die Gefahr, dass der Fuchsschwanz etwas schwach ist und brechen könnte. Seien Sie vorsichtig, wenn Sie den Schwanz schnitzen. Wenn Sie fertig sind, tragen Sie Superkleber an die Stelle auf, an der der Schwanz auf den Körper trifft.

vorne

seitlich

hinten

**Vorlage
Fuchsfigur**

-------- Schnittlinien

Fertigstellung

Es gibt viele Möglichkeiten, die Fuchsfigur fertigzustellen: glattschmirgeln,
Messerschnitte sichtbar lassen, beizen
oder anmalen. Probieren und kombinieren Sie diese Techniken oder lassen
Sie die Figur unbehandelt. Für mehr
Informationen blättern Sie in den
Fertigstellungsabschnitt im Anhang
(Seite 92). Ich habe mich dafür entschieden, den Körper orange, Füße,
Augen, Nase und Ohrenspitzen schwarz
sowie Kinn, Bauch und Schwanzspitze
weiß anzumalen.

Rehkitz

Rehkitze sind der Inbegriff von Unschuld! Sie sind süß und unter Kindern immer die Favoriten. Wenn Sie die Rehkitzfigur einem Kind schenken, bedenken Sie, dass sie wildem Spiel ausgesetzt sein wird. Machen Sie die Beine und Ohren also nicht zu dünn, damit sie nicht abbrechen und eine Verletzungsgefahr für das Kind darstellen.

Tierkinderfiguren sind meist kleine Projekte, deshalb empfehle ich Ihnen, immer einen „Griff" am Schnitzobjekt zu belassen, um das Halten des Stückes während der Arbeit zu erleichtern. Sie sägen das Holzstück zum Schluss dann natürlich ab.

Material & Werkzeug

Material
- Lindenholz: 10 mm stark, 51 mm x 102 mm
- Acrylfarben (optional)
- Holzbeize (optional)
- Polyurethan

Werkzeug
- Band-, Dekupier- oder Laubsäge
- Messer
- Pinsel (optional)

Erste Schritte

Übertragen Sie die Vorlage auf den Rohling und schneiden Sie diesen mit einer Band-, Dekupier- oder Laubsäge aus. Zeichnen Sie Schnittlinien und eine Mittellinie auf den Rohling.

Kopf und Hals schneiden. Setzen Sie Einschnitte zwischen Kopf und Hals des Rehkitzes. Beginnen Sie, Hals und Kopf zu diesen Einschnitten und der Mittellinie hin zu verjüngen.

Rücken und Schwanz schnitzen. Machen Sie Einschnitte um den Ansatz des Schwanzes. Machen Sie Schälschnitte hinunter und hinauf zu diesen Einschnitten, um Rumpf und Schwanz zur Mitte hin abzurunden. Spitzen Sie den Schwanz mit Schälschnitten zu.

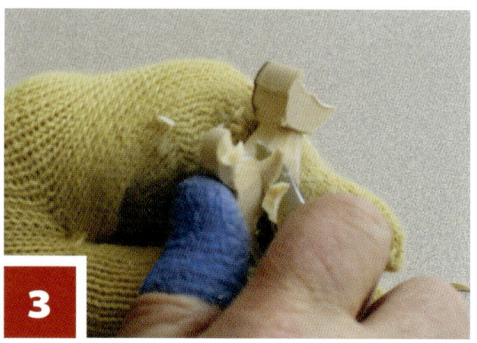

Rücken formen. Runden Sie den Rücken zur Mittellinie hin ab. Fahren Sie fort, Schwanz und Hals zur Mittellinie hin zu verjüngen.

Bauch formen. Setzen Sie Einschnitte zwischen Vorderbeinen und Bauch, dann zwischen Hinterbeinen und Bauch. Beginnen Sie, den Bauch zwischen diesen Einschnitten zu verschmälern, abzurunden und zu formen.

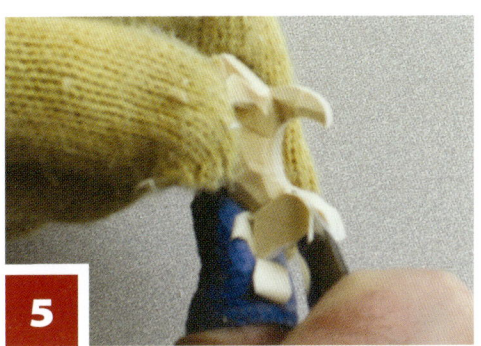

Kopf herausarbeiten. Verschmälern und formen Sie den Kopf in Proportion zum Körper und verjüngen Sie den Kopf zur Nase hin.

Beine formen. Wenn die Rehkitzfigur für ein Kind gemacht werden soll, ist es besser, die Beine verbunden zu lassen. Kinder merken keinen Unterschied und es verleiht den Beinen mehr Stabilität.

7

8

Ohren markieren. Spalten und formen Sie die Ohren. Fahren Sie fort, Rücken, Bauch, Hals, Kopf und Beine abzurunden.

Rehkitzfigur fertigstellen. Schneiden Sie den Griff mit einer Säge ab. Es kann notwendig sein, das Rehkitz mit einer harten Bürste (Zahnbürste), Reinigungsmittel und warmem Wasser zu säubern, um Bleistiftstriche oder Fussel zu entfernen. Lassen Sie die Figur trocknen, bevor Sie sie mit Beize oder Farbe behandeln.

✎ Abhilfe für schwer zu schnitzendes Lindenholz

Lindenholz ist gutes Holz zum Schnitzen, da es nicht fasrig ist und sich Details gut herausarbeiten lassen. Aber nicht jedes Lindenholz ist gleich. Wenn Sie härteres Lindenholz verwenden, sprühen Sie eine Mischung aus Wasser und Wundbenzin im Verhältnis von 50 : 50 auf das Holz und lassen Sie es einziehen. Mit dieser Behandlung kann das Holz leichter geschnitzt werden.

vorne

seitlich

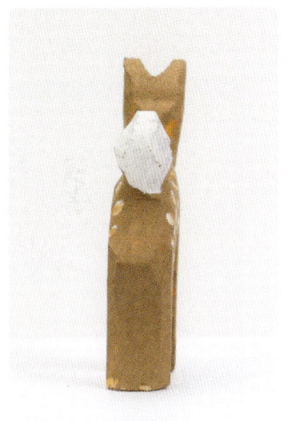

hinten

Vorlage Rehkitz

‑‑‑‑‑‑‑‑ Schnittlinien

Fertigstellung

Es gibt viele Möglichkeiten, das Rehkitz fertigzustellen: glattschmirgeln, Messerschnitte sichtbar lassen, beizen oder anmalen. Probieren und kombinieren Sie diese Techniken oder lassen Sie die Figur unbehandelt. Für mehr Informationen blättern Sie in den Fertigstellungsabschnitt im Anhang (Seite 92). Ich habe mich dafür entschieden, den Körper des Rehkitzes braun mit weißen Punkten anzumalen, um sein Alter aufzuzeigen. Die Unterseite des Schwanzes sowie die Augen habe ich weiß und die Pupillen schwarz angemalt.

Ferkel

Schweine stehen oft in dem schlechten Ruf, übel zu riechen und schmutzig zu sein. Wer aber kann einem Ferkel schon widerstehen? Ich wünsche Ihnen viel Spaß beim Schnitzen dieser kleinen Tierfigur und empfehle auch hier, einen Griff aus Holz an den Vorderbeinen anzubringen, um das Schnitzen zu erleichtern.

Erste Schritte

Übertragen Sie die Vorlage auf den Rohling und schneiden Sie diesen mit einer Band-, Dekupier- oder Laubsäge aus. Zeichnen Sie Schnittlinien und eine Mittellinie auf den Rohling.

1

Kopf schnitzen. Setzen Sie Einschnitte zwischen Kopf und Hals des Ferkels. Verschmälern Sie Hals und Kopf zu diesen Einschnitten und der Mittellinie hin.

2

Schwanz schnitzen. Machen Sie Einschnitte um die Seiten des Schwanzes herum. Wenden Sie den Schälschnitt an, um den Schwanz zu verjüngen und den Rumpf zur Mittellinie hin abzurunden.

3

Rücken formen. Runden Sie den Rücken und Rumpf des Ferkels in Richtung Mittellinie ab.

4

Bauch formen. Machen Sie Einschnitte zwischen Vorderbeinen und Bauch, dann zwischen Hinterbeinen und Bauch. Verschmälern, formen und runden Sie den Bauch zwischen diesen Einschnitten ab.

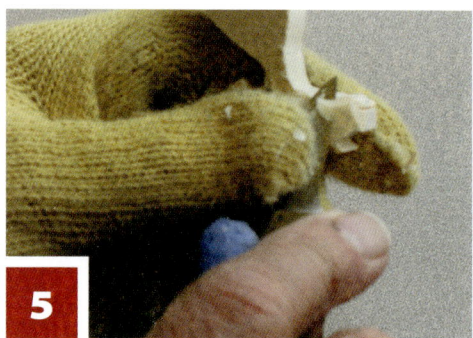

Kopf herausarbeiten. Verschmälern und formen Sie den Ferkelkopf in Proportion zu seinem Körper und verjüngen Sie den Kopf zur Nase hin. Stellen Sie sicher, dass die Nase am Ende flach ist.

Beine formen. Verschmälern Sie die Beine und formen Sie die Klauen. Sie können die Füße aber auch ungeformt lassen. Wenn das Ferkel für ein Kind gemacht wird, lassen Sie die Beine für mehr Stabilität zusammen.

Ohren markieren. Spalten und formen Sie die Ohren zu Spitzen. Fahren Sie fort, Rücken, Bauch, Hals, Kopf und Beine abzurunden.

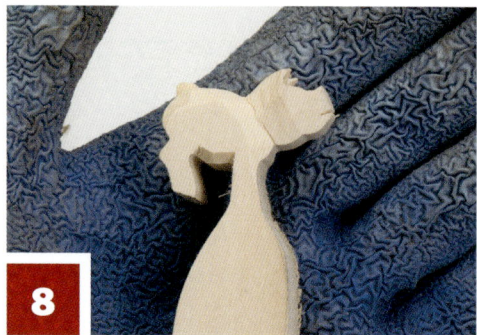

Ferkelfigur fertigstellen. Schneiden Sie den Griff mit einer Säge ab. Es kann notwendig sein, das Ferkel mit einer harten Bürste (Zahnbürste), Reinigungsmittel und warmem Wasser zu säubern, um Bleistiftstriche oder Fussel zu entfernen. Lassen Sie die Figur trocknen, bevor Sie sie mit Beize oder Farbe behandeln.

vorne

seitlich

hinten

Fertigstellung

Es gibt viele Möglichkeiten, das Ferkel fertigzustellen: glattschmirgeln, Messerschnitte sichtbar lassen, beizen oder anmalen. Probieren und kombinieren Sie diese Techniken oder lassen Sie die Figur unbehandelt. Für mehr Informationen blättern Sie in den Fertigstellungsabschnitt im Anhang (Seite 92). Ich habe mich dazu entschieden, den Körper des Ferkels rosa, die Augen weiß und die Pupillen schwarz anzumalen.

Vorlage Ferkelfigur

-------- Schnittlinien

Junger Fuchs

Der junge Fuchs ist ein weiterer Liebling. Wussten Sie, dass junge Füchse eigentlich Welpen heißen? Sie werden blind, taub und zahnlos geboren, aber sie kriechen schon nach drei Wochen aus dem Bau hinaus in die weite Welt!

Erste Schritte

Übertragen Sie die Vorlage auf den Rohling und schneiden Sie diesen mit einer Band-, Dekupier- oder Laubsäge aus. Zeichnen Sie Schnittlinien und eine Mittellinie auf den Rohling.

Material & Werkzeug

Material
- Lindenholz: 13 mm stark, 51 mm x 76 mm
- Acrylfarben (optional)
- Holzbeize (optional)
- Polyurethan

Werkzeug
- Band-, Dekupier- oder Laubsäge
- Messer
- Pinsel (optional)

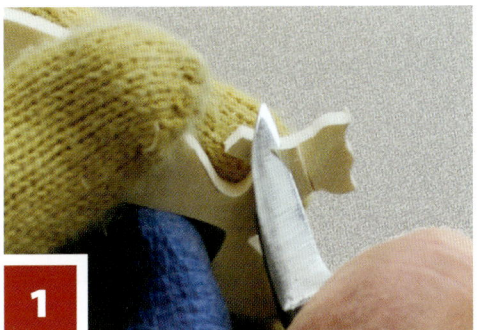

Kopf schnitzen. Machen Sie Einschnitte zwischen Kopf und Hals. Verschmälern Sie Hals und Kopf zu diesen Einschnitten und zur Mittellinie hin.

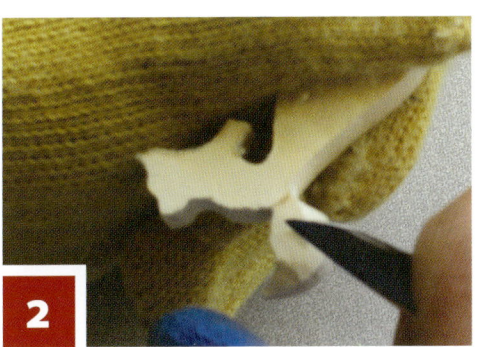

Schwanz schnitzen. Setzen Sie Einschnitte an den Ansatz des Fuchsschwanzes. Wenden Sie den Schälschnitt an, um Rumpf und Schwanz zwischen den Einschnitten zur Mittellinie hin abzurunden. Verjüngen Sie den Schwanz am Ende mit Schälschnitten.

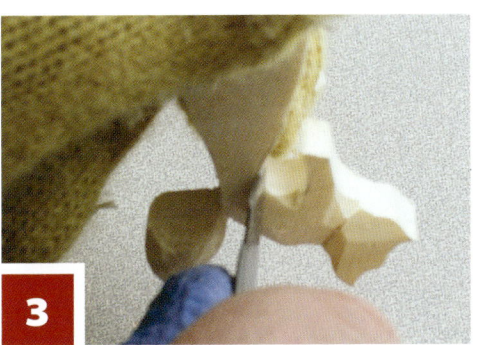

Rücken und Bauch formen. Setzen Sie Einschnitte zwischen Vorderbeinen und Bauch, dann zwischen Hinterbeinen und Bauch. Verschmälern, runden und formen Sie den Bauch zwischen diesen Einschnitten. Runden Sie den Rücken und Rumpf zur Mittellinie hin ab.

4

Kopf herausarbeiten. Verschmälern Sie den Kopf zur Nase hin, in Proportion zur Körpergröße. Runden Sie die Nase ab.

5

Beine formen. Verschmälern Sie die Beine und formen Sie die Pfoten. Sie können die Beine trennen oder für mehr Stabilität beisammen lassen.

6

Ohren markieren. Trennen Sie die Ohren und spitzen Sie sie zu. Fahren Sie fort, Rücken, Bauch, Hals, Kopf und Beine zur Mittellinie hin abzurunden.

7

Fuchsfigur fertigstellen. Schneiden Sie den Griff mit einer Säge ab. Es kann notwendig sein, den Fuchs mit einer harten Bürste (Zahnbürste), Reinigungsmittel und warmem Wasser zu säubern, um Bleistiftstriche oder Fussel zu entfernen. Lassen Sie die Figur trocknen, bevor Sie sie mit Beize oder Farbe behandeln.

✎ Ist Ihre Klinge scharf genug?

Es gibt viele Wege, um herauszufinden, ob die Messerklinge wirklich scharf ist. Ich stelle die Schneidkante der Klinge im 90°-Winkel zu meinem Daumennagel und bewege darauf die Klinge. Wenn die Klinge darüberstreicht, ohne in den Daumennagel zu schneiden, muss sie geschärft werden.

| vorne | seitlich | hinten |

Vorlage Fuchsfigur

-------- Schnittlinien

Fertigstellung

Es gibt viele Möglichkeiten, den Fuchs fertigzustellen: glattschmirgeln, Messerschnitte sichtbar lassen, beizen oder anmalen. Probieren und kombinieren Sie diese Techniken oder lassen Sie die Figur unbehandelt. Für mehr Informationen blättern Sie in den Fertigstellungsabschnitt im Anhang (Seite 92). Ich habe mich dazu entschieden, den jungen Fuchs orange, die Schwanzspitze, Bauch, Augen, Hals, Ohren und Kinn weiß und die Füße, Nase sowie Pupillen schwarz anzumalen.

Junger Bär

Hier ist das Bärenjunge, das der Bärenmama oder dem Bärenpapa von Seite 47 Gesellschaft leistet. Sehen Sie, dass der Mund im Gegensatz zu dem des ausgewachsenen Bären offensteht? Das bedeutet, er ist bereit zu spielen!

Erste Schritte

Übertragen Sie die Vorlage auf den Rohling und schneiden Sie diesen mit einer Band-, Dekupier- oder Laubsäge aus. Zeichnen Sie Schnittlinien und eine Mittellinie auf den Rohling.

Material & Werkzeug

Material
- Lindenholz: 19 mm stark, 51 mm x 76 mm
- Acrylfarben (optional)
- Holzbeize (optional)
- Polyurethan

Werkzeug
- Band-, Dekupier- oder Laubsäge
- Messer
- Pinsel (optional)

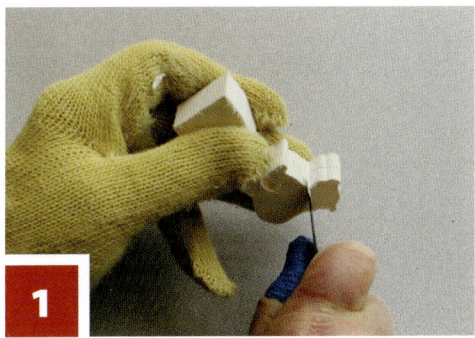

Kopf und Hals schnitzen. Machen Sie Einschnitte zwischen Kopf und Hals. Dann Kopf und Hals zu diesen Einschnitten und zur Mittellinie hin schmaler machen.

Rücken formen. Runden Sie den Rücken und Rumpf zur Mittellinie hin ab.

Bauch formen. Setzen Sie Einschnitte zwischen Vorderbeinen und Bauch, dann zwischen Hinterbeinen und Bauch. Verschmälern, runden und formen Sie den Bauch zwischen diesen Einschnitten.

Kopf und Gesicht herausarbeiten. Fahren Sie fort, den Kopf in Proportion zum Körper schmaler zu machen. Verjüngen Sie den Kopf zur Nase hin. Runden Sie dann die Nase ab und formen Sie den Mund.

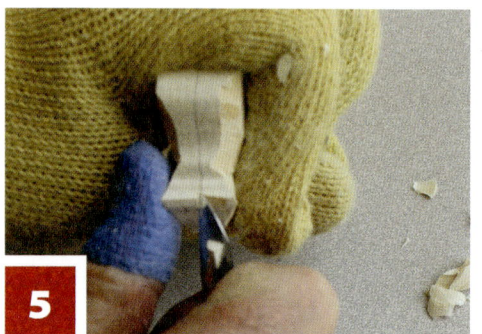

Beine und Füße formen. Sie können die Beine voneinander trennen oder sie für mehr Stabilität zusammenlassen. Wenn die Figur für ein Kind gefertigt wird, ist es besser, die Beine zusammenzulassen. Kinder werden den Unterschied nicht merken und der Figur verleiht dies zusätzliche Stärke.

Ohren herausarbeiten. Spalten Sie die Ohren und runden Sie sie ab. Falls notwendig, runden Sie Rücken, Bauch, Hals, Kopf und Beine weiter ab.

Bärenfigur fertigstellen. Schneiden Sie den Griff mit einer Säge ab. Es kann notwendig sein, die Bärenfigur mit einer harten Bürste (Zahnbürste), Reinigungsmittel und warmem Wasser abzuschrubben, um Bleistiftstriche oder Fussel zu entfernen. Lassen Sie die Figur trocknen, bevor Sie sie mit Beize oder Farbe behandeln.

| vorne | seitlich | hinten |

**Vorlage Figur
Junger Bär**

- - - - - - - - Schnittlinien

Fertigstellung

Es gibt viele Möglichkeiten, den Bären fertigzustellen: glattschmirgeln, Messerschnitte sichtbar lassen, beizen oder anmalen. Probieren und kombinieren Sie diese Techniken oder lassen Sie die Figur unbehandelt. Für mehr Informationen blättern Sie in den Fertigstellungsabschnitt im Anhang (Seite 92). Ich habe mich dazu entschieden, den jungen Bären braun, die Augen weiß und die Pupillen schwarz anzumalen.

Das Wesen des Schnitzens

Eine Warnung im Hinblick darauf, wie einen das Schnitzen in seinen Bann ziehen kann: Sie können so vertieft in Ihre Schnitzarbeit sein, dass die Zeit stillzustehen scheint. Viele suchen nach diesem (Un-)Bewusstseinszustand. Er kann Sie jedoch auch in peinliche Situationen bringen. Im Garten sitzend und in meine Schnitzarbeit vertieft, habe ich viele Termine verpasst, die ich nicht verpassen hätte sollen: Abendessen, Arzttermine – oder meine Frau vom Flughafen abzuholen!

Junger Elefant

In der indischen Kultur ist der Elefant ein Glücks-
tier. Schnitzen Sie diese niedlichen „Glücksbrin-
ger" für Freunde und Familie – und behalten Sie
selbst einen!

Erste Schritte

Übertragen Sie die Vorlage auf den Rohling und
schneiden Sie diesen mit einer Band-, Dekupier-
oder Laubsäge aus. Zeichnen Sie Schnittlinien und
eine Mittellinie auf den Rohling.

Material & Werkzeug

Material
- Lindenholz: 19 mm
  stark, 76 mm x 89 mm
- Acrylfarben (optional)
- Holzbeize (optional)
- Polyurethan

Werkzeug
- Band-, Dekupier-
  oder Laubsäge
- Messer
- Pinsel (optional)

Rüssel schnitzen. Verjüngen Sie mit Schälschnitten den Rüssel vom Kopf zur Spitze und runden Sie ihn zur Mittellinie hin ab.

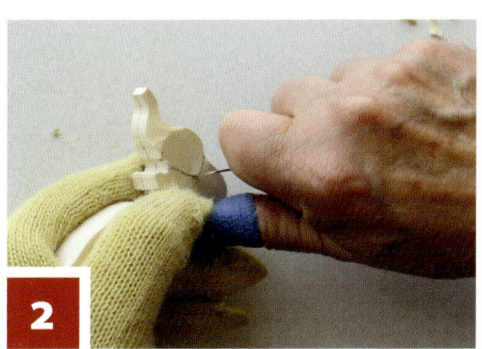

Ohren schnitzen. Machen Sie Einschnitte an den Linien, die die Ohren des Elefanten markieren. Wenden Sie Schälschnitte an, um das Holz bis zu diesen Einschnitten zu entfernen.

Schwanz und Rücken formen. Machen Sie leichte Einschnitte an der Seite des Schwanzes und entfernen Sie dünne Holzspäne bis zu diesen Einschnitten, um den Schwanz vom Rumpf hervorstehen zu lassen. Beginnen Sie, Rücken und Rumpf des Elefanten zur Mittellinie hin abzurunden.

4

Beine und Bauch markieren. Setzen Sie Einschnitte zwischen Vorderbeinen und Bauch, dann zwischen Hinterbeinen und Bauch. Verschmälern, runden und formen Sie den Bauch zwischen diesen Einschnitten.

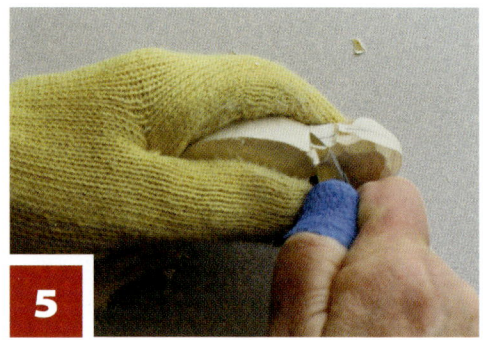

5

Beine formen. Verschmälern Sie die Beine und formen Sie die Füße. Sie können die Beine voneinander trennen oder sie für mehr Stabilität verbunden lassen.

6

Ohren herausarbeiten. Trennen Sie die Ohren oben am Kopf voneinander. Runden Sie Rücken, Bauch, Hals, Kopf und Beine ab.

7

Elefantenfigur fertigstellen. Schneiden Sie den Griff mit einer Säge ab. Es kann notwendig sein, den Elefanten mit einer steifen Bürste (Zahnbürste), Reinigungsmittel und warmem Wasser abzuschrubben, um Bleistiftstriche oder Fussel zu entfernen. Lassen Sie die Figur trocknen, bevor Sie sie mit Beize oder Farbe behandeln.

| vorne | seitlich | hinten |

Fertigstellung

Es gibt viele Möglichkeiten, den Elefanten fertigzustellen: glattschmirgeln, Messerschnitte sichtbar lassen, beizen oder anmalen. Probieren und kombinieren Sie diese Techniken oder lassen Sie die Figur unbehandelt. Für mehr Informationen blättern Sie in den Fertigstellungsabschnitt im Anhang (Seite 92). Ich habe mich dazu entschieden, den Elefanten grau, die Augen weiß und die Pupillen schwarz anzumalen.

Vorlage Figur Junger Elefant

-------- Schnittlinien

Wie Sie Ihre Finger schützen

Manche Schnitzer nutzen einen Daumen- und Fingerschutz, um sich vor Schnitten zu schützen. Als ich Kindern einmal das Schnitzen zeigte, verwendete ich rote Schutzkappen für meine Finger. Als ich merkte, wie aufmerksam die Kinder waren, fragte ich eines, ob ihm die Vorführung denn gefallen habe. Alles, was es erwähnte, war nur das „Blut" auf den Schutzkappen. Ich lernte daraus, keinen roten Finger- und Daumenschutz mehr zu verwenden – blau oder grün ist deutlich angemessener.

ANHANG

Auf den folgenden Seiten finden Sie Informationen zur Sicherheit, zu grundlegenden Schneidetechniken, zum Schärfen des Messers und zu Endbearbeitungstechniken für Ihre Projekte. Schauen Sie sich diesen Abschnitt immer wieder durch, um Ihre Schnitzfähigkeiten so scharf wie Ihr Messer zu halten!

Sicherheit

Mit scharfen Werkzeugen zu hantieren, birgt immer ein gewisses Risiko. Ein Messer, das scharf genug ist, um Holz zu schneiden, wird auch leicht in Ihre Haut schneiden. Die meisten Schnitte sind klein, heilen schnell und hinterlassen keine Narbe. Dennoch ist es am besten, einfache Sicherheitsregeln zu beachten, um ernsthaftere Verletzungen zu vermeiden. Die wichtigste Regel beim Schnitzen ist, nicht nur zu bedenken, wo genau sich die Klinge befindet, sondern auch, wohin sie gleiten könnte. Holz kann seine

Tragen Sie einen Handschuh an jener Hand, in der Sie das Schnitzobjekt halten.

Härte jederzeit ändern; deshalb den Druck, den Sie mit der Klinge ausüben, entsprechend anpassen. Stellen Sie sich vor, Sie üben starken Druck aus, um durch einen Knoten zu schneiden und darunter liegt eine weichere Stelle. Die scharfe Kante wird rasch durch die weiche Stelle gleiten und in das, was darunterliegt, hineinschneiden. Für das Messer spielt es keine Rolle, ob das Luft, eine Schnitzbank oder Ihre Hand ist.

Pfadfinder lehrt man, vom Körper wegzuschneiden. Das ist zwar ein guter Ratschlag, aber manchmal schneiden Sie zu Ihrem Daumen hin, so wie beispielsweise beim Schälschnitt (Seite 87). Tragen Sie einen Lederschutz am Daumen, wenn Sie diesen Schälschnitt ausführen, und wickeln Sie um diesen Bandagen – oder positionieren Sie Ihren Daumen weit genug unterhalb des Objekts, sodass das Messer nicht in Ihren Daumen fährt, wenn es abrutscht.

Da die meisten Schnittverletzungen an der Hand, die das Schnitzobjekt hält, zu finden sind, tragen die meisten Schnitzer an dieser Hand einen schnittsicheren Schutz. Es ist möglich, Schnitte zu verhindern, wenn man sich bewusst macht, wohin die Schneidkante abrutschen kann (und vermutlich auch wird!). Schneiden Sie also immer von sich weg, wenn Sie Rinde oder große Stücke Holz entfernen. Wenn Sie kleinere Details schnitzen, stabilisieren Sie die haltende mit der schnitzenden Hand. Wenn Sie einen Schiebeschnitt machen, platzieren Sie den Daumen der haltenden Hand auf dem Rücken des Daumens der schnitzenden Hand. Die Hände zu fixieren, sorgt für mehr Stabilität und Kontrolle, was das Abrutschen des Messers unwahrscheinlicher macht.

Tragen Sie einen Daumenschutz, wenn Sie zum Daumen hin schneiden.

Manche Schnitzer nutzen ihre Oberschenkel als Schnitzbank. Ein versehentlicher Schnitt in den Oberschenkel kann aber sehr gefährlich werden. Deshalb sollten Sie auf einer Werkbank oder einem Tisch arbeiten. Wenn Sie in Richtung Ihres Oberschenkels schneiden, verwenden Sie einen Lederschutz für Ihr Bein. Ohne diese Sicherheitsvorkehrungen kann das Abrutschen mit der Klinge mit einem Besuch in der Notaufnahme enden. Halten Sie sich deshalb an diese Regeln und Sie werden nie mehr als ein Pflaster benötigen.

Schneiden Sie von sich weg, um Verletzungen zu vermeiden.

✎ Schnitzen in der Öffentlichkeit

Wenn Sie an vielfrequentierten öffentlichen Orten schnitzen, gehen Sie sicher, dass – sofern vorhanden – die für diesen Ort verantwortlichen Personen damit auch einverstanden sind (z. B. der Sicherheitsdienst in einem Einkaufszentrum). Sie können sich vielleicht vorstellen, was passiert, wenn Sie in einem Einkaufszentrum schnitzen und jemand dem Sicherheitsdienst meldet, dass da eine Person mit einem Messer herumhantiert ...

Grundlegende Schnitte

Schnitzen ist eine abtragende Arbeitstechnik – Sie entfernen jene Holzteile, die für die Fertigstellung Ihres Schnitzobjektes überflüssig sind. Wenn Sie beispielsweise eine Hundefigur schnitzen, entfernen Sie das gesamte Holz, das nicht der Form des Hundes entspricht.

Die meisten Schnitzer wenden vier grundlegende Schnitttechniken an, um Holz zu entfernen: Schiebeschnitt, Schälschnitt, Stopp- oder Einschnitt und v-förmiger Schnitt. Perfektionieren Sie diese vier Grundschnitte und Sie werden eine Vielzahl an Projekten meistern.

Stopp- oder Einschnitt

Wie der Name schon sagt, wird dieser Schnitt angewandt, um eine scharfe Linie am Ende eines anderen Schnittes zu setzen. Die Position Ihrer Hand ist abhängig von der Stelle, an der Sie den Schnitt setzen wollen. Um einen Stoppschnitt zu machen, setzen Sie einfach einen geraden Schnitt ins Holz. Wenn Sie den Einschnitt zuerst setzen, verhindern Sie, dass ein auszuführender Schnitt über die Markierung hinausgeht. Machen Sie den Einschnitt danach, können Sie einen Holzspan von einem vorangegangenen Schiebe- oder Schälschnitt lösen.

Schiebeschnitt

Halten Sie für den Schiebeschnitt das Holz in einer Hand. Halten Sie das Messer in der anderen und mit dem Daumen auf der Rückseite der Klinge. Schieben Sie das Messer durch das Holz, weg von Ihrem Körper. Für mehr Kontrolle und Kraft platzieren Sie den Daumen der Hand, die das Holz hält, auf dem, der auf der Klinge liegt, als Dreh- oder Angelpunkt für das Handgelenk der schnitzenden Hand.

Schälschnitt

Der Schälschnitt ermöglicht ein kontrolliertes Arbeiten, aber er erfordert, dass Sie zu Ihrem Daumen hin schneiden. Tragen Sie einen Daumenschutz oder machen Sie sich bewusst, wohin der Schnitt führen könnte; insbesondere, wenn Sie abrutschen. Um den Schälschnitt richtig anzuwenden, halten Sie das Holz in einer Hand. Halten Sie in der anderen Hand das Messer mit vier Fingern. Die Schneidkante zeigt zu Ihrem Daumen. Legen Sie den Daumen der Hand, die das Messer hält, auf das Holz hinter die Stelle, die Sie bearbeiten wollen. Strecken Sie den Daumen so weit wie möglich aus. Schließen Sie Ihre Hand, indem Sie das Messer zu Ihrem Daumen ziehen, und führen Sie so den Schnitt. Es ist die gleiche Bewegung, die beim Schälen von Kartoffeln angewendet wird.

V-förmiger Schnitt

Um einen v-förmigen Schnitt auszuführen, halten Sie das Messer so, wie es beim Schälschnitt beschrieben wird. Drücken Sie den Daumen der Hand, die das Messer hält, gegen das Holz, und führen Sie mit der Messerspitze einen schrägen Einschnitt aus. Drehen Sie das Holz und drücken Sie den Daumen auf die andere Seite des Einschnittes gegen das Holz: Führen Sie einen Schnitt schräg zum ersten durch. Richten Sie die Winkel so aus, dass sich die Schnitte an der tiefsten Stelle in der Mitte treffen. Dies wird eine v-förmige Rille bilden.

Mehr zum Schiebeschnitt

Schiebeschnitte, bei denen Sie den Daumen zu Hilfe nehmen, um mit dem Messer einen einfachen Schnitt auszuführen, benötigen weniger Kraft, um Holz abzutragen, benötigen aber mehr Erfahrung und Praxis. Für Schiebeschnitte ist es am besten, ein gut geschärftes Messer zu verwenden; besonders wenn Sie mit der Messerspitze feine Details herausarbeiten wollen.

Grundlagen des Schärfens ⸺

Auch wenn es widersprüchlich klingt: Nur ein scharfes Messer ist ein sicheres Messer. Wenn ein Messer stumpf oder nicht richtig geschärft ist, bedarf es mehr Kraft, um die Klinge durch das Holz zu führen. Je mehr Kraft Sie aber aufwenden, desto weniger Kontrolle haben Sie. Da man mit einer ordentlich geschärften Klinge weniger Kraft braucht, ermüdet man langsamer, was wiederum das Schnitzen angenehmer macht. So mancher Schnitzer lässt sich entmutigen, weil er mit einer stumpfen oder nicht hinreichend geschärften Klinge arbeitet.

Das Schärfen ist ein eher simpler Vorgang. Vereinfacht gesagt, wird hierbei ein Stück Metall an einem Schleifmittel gerieben, um eine Keilform zu erhalten. Als Schleifmittel können Sie alles von Sandpapier bis zum profes-

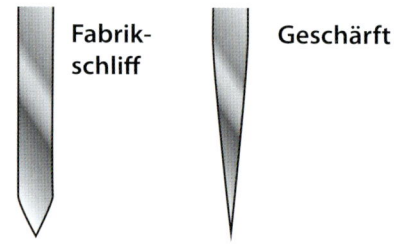

Fabrik-schliff   **Geschärft**

sionellen Messerschleifer verwenden. Sie beginnen mit grobem Schleifmittel und verwenden dann immer feinere Mittel, bis Sie eine polierte Schneidkante haben.

Es gibt viele Methoden und Produkte, die helfen können, eine scharfe Schneidkante zu erhalten; ich für meinen Teil empfehle Anfängern immer das Sandpapier. Benutzen Sie Sprühkleber, um 150 mm lange Streifen eines Sandpapiers auf eine plane Fläche zu kleben (z. B. eine Plexiglasplatte). Beginnen Sie mit einer 200–320er-Körnung; am besten Nass-/Trockenschmirgelpapier, da dieses widerstandsfähiger ist. Arbei-ten Sie sich hinauf bis zu 600er-Körnung, dann die Klinge mit einem Abziehleder polieren.

Mit dem Schärfen der Klinge beginnen. Halten Sie die gesamte Länge der Klinge flach gegen das 200–320er-Sandpapier, die Schneidkante sollte dabei von Ihnen wegzeigen. Heben Sie die Rückseite der Klinge ein wenig an (ca. 1 mm). Behalten Sie denselben Winkel entlang der Länge des Sandpapiers bei, während Sie das Messer von sich weg zur Schneidkante schieben.

Die andere Klingenseite schärfen. Wenden Sie die Klinge, sodass die Schneidkante nun zu Ihnen zeigt. Legen Sie die ganze Länge der Klinge auf das Sandpapier und heben Sie die Rückseite leicht an. Ziehen Sie die Klinge auf dem Papier in gleichbleibendem Winkel gegen die Schneidkante.

Schärfen der Klinge abschließen.
Folgen Sie den Schritten 1 und 2, bis Sie die gewünschte Schärfe erlangt haben. Das Metall sollte an den geschliffenen Stellen glänzen.

Durch grobes Sandpapier entstandene Kratzer entfernen. Wiederholen Sie Schritte 1–3 und verwenden Sie dazu eine 400er- und danach eine 600er-Körnung. Entfernen Sie dabei die sichtbaren Kratzer, die durch das grobe Sandpapier entstanden sind, bevor Sie die nächstfeinere Körnung anwenden.

Halten Sie einen Bleistift bereit

Wenn Sie ein neues Projekt beginnen, skizzieren Sie es leicht auf das Holz, bevor Sie mit dem Schnitzen starten. Wenn Sie kleine Holzstücke und -späne entfernen, kann es hilfreich sein, die Markierungen, die durch das Schneiden verloren gegangen sind, noch einmal nachzuzeichnen. Manche Schnitzer haben deshalb immer einen kleinen Bleistift an einer Schnur um ihren Hals oder in einem Knopfloch.

5

Schneidkante polieren. Besorgen Sie sich ein Abziehleder oder kleben Sie ein Stück Leder (z. B. von einem alten Gürtel) mit der rauen Seite nach oben auf ein flaches Stück Holz. Geben Sie eine kleine Menge Abziehmittel auf das Leder (dieses Mittel ist in Puderform in Werkzeugläden oder Autowerkstätten erhältlich. Die Körnung ist nicht relevant für das Abziehen von Messern). Legen Sie die ganze Länge der Klinge auf das Abziehleder und heben Sie die Rückseite etwas an (ca. 1 mm). Ziehen Sie die Klinge von der Schneidkante weg über das Leder. Drücken Sie die Klinge nicht in Richtung Schneidkante, sonst zerstören Sie das Abziehleder und runden die Klinge wieder ab. Am Ende des Abziehriemens wenden Sie die Klinge und legen die andere Seite flach auf das Leder. Heben Sie die Rückseite der Klinge etwas an und ziehen Sie die Klinge über den Riemen, weg von der Schneidkante. Dieser Vorgang poliert die Klinge für einen sauberen und glatteren Schnitt.

....

Wenn Sie die Schneide einmal geschärft haben, müssen Sie die Klinge nur noch dann mit Sandpapier nachbehandeln, wenn diese beeinträchtigt ist. Die Schneidkante auf jeden Fall durch wiederholtes Abziehen funktionsfähig erhalten. Wenn Sie über einen längeren Zeitraum schnitzen, sollten Sie die Schneide immer wieder abziehen. Sie werden ein Gespür dafür entwickeln, wenn die Klinge stumpf wird und nachgeschliffen werden

muss. Gewöhnen Sie sich an, die Klinge nach jedem Schnitzen abzuziehen.

Eine gute Methode, um festzustellen, ob die Klinge scharf ist, besteht darin, ein dunkles Stück Holz zu nehmen (z. B. Walnuss) und einen langen Einschnitt quer zur Maserung durchzuführen. Wenn die Klinge wirklich scharf ist, sollte die Schnittfläche glänzen. Wenn sich fast unsichtbare Kerben auf der Klinge befinden, hinterlassen sie helle Striche auf der geschnittenen Schnittfläche.

Fertigstellung

Es gibt viele Möglichkeiten, die geschnitzten Objekte zu behandeln und zu veredeln. Wenn Sie mit dem Schnitzen fertig sind, können Sie das Stück **abschmirgeln** oder einfach so lassen, wie es ist. Vielleicht wollen Sie es ja auch so gestalten, dass Flächen erhalten bleiben. Das ist auch eine beliebte Technik. Wenn Sie sich dafür entscheiden, das Werkstück zu beizen oder zu bemalen, gehen Sie sicher, dass alle Flächen bearbeitet sind, da unbehandeltes Holz Farbe und Beize anders aufnimmt als geschnitztes. **Säubern** Sie das Schnitzobjekt, um Bleistiftmarkierungen, Schmutz und Holzfussel zu entfernen. Verwenden Sie, um die Figur zu reinigen, eine Zahnbürste, warmes Wasser und Spülmittel. Wenn Sie Ihr

Schnitzobjekt waschen, lassen Sie es trocknen, bevor Sie es bemalen.

Wenn Sie Ihre Schnitzobjekte **bemalen** wollen, empfehle ich, verdünn-

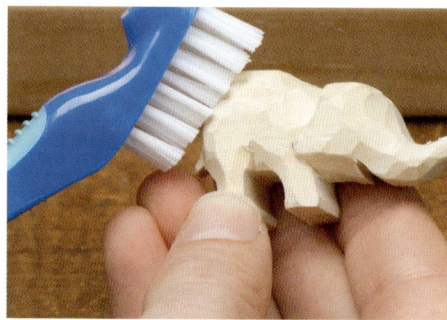

Verwenden Sie eine Zahnbürste, heißes Wasser und Spülmittel, um Fussel, Markierungen und Schmutz vom Schnitzobjekt zu entfernen.

te Acrylfarbe zu verwenden. Manche Schnitzer verwenden ein Brenneisen, um Linien in das Holz zu brennen, die die Farben voneinander trennen. Diese gebrannten Linien verhindern nicht nur das Ineinanderlaufen der Farben, sondern erzeugen durch die dunkle Tönung auch Schatteneffekte.

Wenn Sie das Holz **beizen** wollen, tragen Sie zuvor ein Einlass- oder Versiegelungsmittel auf und erst dann die Beize. Zum Schluss behandeln Sie das Stück noch mit Polyurethanlack (PUR).

Wenn Sie Ihr Schnitzobjekt nicht bemalen wollen, können Sie das Holz dennoch mit einem **Versiegelungsmittel** einlassen und dann eine Schicht Polyurethan oder Wachs auftragen.

Ich habe verdünnte Farbe für meine Schnitzobjekte benutzt.

STICHWORTVERZEICHNIS

Anmerkung: *Kursivstellungen* verweisen auf Projekte

DER AUTOR

Tom Hindes entdeckte, so wie etliche andere Schnitzer, das Holzschnitzen im Ruhestand. Nach einer beruflichen Tätigkeit als Lehrer im Kunstgewerbebereich und in der Fachschulausbildung fand er zu seiner Liebe, mit Holz zu arbeiten, zurück. Zuerst zeigte sich dieses Interesse in Form der Möbeltischlerei; nach einigen Jahren aber beschloss Tom, kleinere und leichtere Objekte in Angriff zu nehmen. Er begann eine Arche Noah zu schnitzen, und zwar mit Figuren aller Tierpaare, und war sofort begeistert von dieser Art des Holzschnitzens.

Nach Jahren des Schnitzens brachte er seine Fähigkeiten, die er sich im Rahmen seiner Lehrtätigkeit erworben hatte, in die Entwicklung von Projekten für Schnitzanfänger ein. Er entschied sich, sich aufs Holzschnitzen zu konzentrieren oder auf das Schnitzen mit nur einem Messer; das ermöglicht, die Projekte einfach, schnell und abwechslungsreich zu gestalten.

Das erste dieser Projekte, den 5-Minuten-Zauberer, veröffentlichte er im Sommer 2008 im Magazin *Woodcarving Illustrated* (Ausgabe 43); dieses Projekt stieß gleich auf große Resonanz. Nach diesem Erfolg verfasste er weitere Artikel für *Woodcarving Illustrated*, in denen er sich stets auf einfache, kleine Projekte wie Weihnachtsmänner, Wichtel, Zauberer und Tiere konzentrierte.

Mit seinen Artikeln und dem Buch *Schnell geschnitzt. Lustige Figuren in 20 Minuten* möchte er erreichen, dass Anfänger, die seine Schnitzobjekte sehen, sagen: „Das kann ich!"

Aus unserem Programm

ISBN: 978-3-7020-1876-4

ISBN: 978-3-7020-1896-2

Leopold Stocker Verlag
Graz – Stuttgart